Ein schönes

Osterfest 1976

wünschen

Elsi   Herbert

Ostern 1976

Georg Lohmeier
Ostergelächter und Pfingstochsen

Georg Lohmeier

# *Ostergelächter und Pfingstochsen*

## Bayrisches für Christenmenschen

Ehrenwirth

ISBN 3 - 431 - 01475 - 5
© 1972 by Franz Ehrenwirth Verlag KG München
Druck: Brönner & Daentler KG, Eichstätt
Printed in Germany 1972

# Inhalt

| | |
|---|---|
| Risus paschalis | 7 |
| Fastenzeit | 9 |
| Die Ölbergandacht | 17 |
| Die Osterbeicht | 22 |
| Der Palmesel | 48 |
| Pater Floridus und das Fastenopfer | 51 |
| Ostergelächter | 55 |
| Georgi | 77 |
| Der Weiße Sonntag | 78 |
| Himmelfahrt | 80 |
| Der Geist weht wo er will, auch bei den Bayern | 83 |
| Der apostolische Segen | 102 |

## Risus paschalis

Kein' Freud ist aequalis
Dem risus paschalis,
Dem Ostergelächter.
Es schlummern die Wächter.
Schon backen die Bäcker,
Es krachen die Äcker:
Die Sonne aufgeht
Und Jesus ersteht.
Juch' Alleluija!

D'Apostel, sie rennen,
Jetzt gackern die Hennen,
Die Singerl ausschlüpfen,
Die Schafböcklein hüpfen,
'S ist Ostertag früh.
Frauen melken die Küh,
Machen sich auf den Weg —
Und der Stein, der ist weg!
Juch' Alleluija!

Ein Engel in weiß
Singt die glorreiche Weis:
Er ist nicht mehr da,
Juch' Alleluija!

Und juchezend weint er.
Der Maria erscheint Er,
Nennt sie gar beim Namen:
Schreck — Seligkeit — Amen.
Juch' Alleluija!

Jetz' werd Oar schiebn und peckt,
Nesterl gsuacht und gschleckt,
Gfensterlt, busselt, gliebt,
Daß den Leiterbaum biegt.
Jetz' kälberts und füllets,
Jetz' katzelts und wüllets,
Steigt der März oanm ins Hirn.
Gar die braviste Dirn
Fallt ihrm Buabn um an Hals.
Auf d'Welt möcht iatz alls.
Juch' Alleluija! —

# Fastenzeit

Die lustige Frühjahrszeit und die traurige Fasten — die zwoa ghörn zsamm! — Der März treibt den Saft in Stamm, aber das Fastengebot hält dich im Lot! Das sind alte Weisheiten voll der menschlichen Gebrechlichkeiten, aber sie stimmen, und wenn der Herrgott auf der Stelle das sechste Gebot aufheben tät. — Weil: Allerweil kann der Mensch nicht lustig sein, allerweil kann er nicht demmen und schlemmen, nicht hupfen und dupfen, nicht saufen und raufen, nicht toben und tappen, nicht tanzen und ranzen: einmal braucht das Gemüt etliche vierzig Tage der Läuterung und Buße und des traurig-seligen Mitleidens. Ohne Buße wird die kranke Seele nicht so leicht gesund. Nur fasten und büßen können das Leben versüßen. Wie ungeschickt von uns, daß wir die Fastenzeit nicht mehr so streng einhalten brauchen wie unsere Großeltern noch! Obschon die damals noch nicht Auto gefahren sind und Auslauf genug gehabt haben. Kein Bischof, kein Pfarrer verlangt von uns übersatten Erfolgreichen ernsthafte Enthaltung von Speisen in der Fastenzeit. Heute ist man großzügig vernünftig und es genügt eine abstrakte »innere Bußgesinnung«. Wirklich gefastet wird in den Sanatorien während der ärztlich verordneten Kur.
Wie schwer hat man dagegen noch vor dreißig, vierzig

Jahren gefastet! Nur eine einmalige Sättigung war jeden Tag erlaubt. Und noch eine Generation früher wurde während der ganzen Fasten kein Fleisch gegessen. Am Aschermittwoch hat die Bäuerin gar den Fleischhafen ausgesotten! Das wäre aber alles noch nicht so strapazierend gewesen, wenn man nicht jeden Sonntag nachmittag in die Fastenpredigt hätte gehen müssen. Da donnerte der Hochwürdige Herr Kooperator gegen jede Fleischeslust. Es genügte ihm nicht, daß man sich mit Hasenöhrln, Rohrnudeln und Schucksen, mit Buttermilch-, Brot- und Zwullsuppe, mit Kartoffelpuffern und Fingernudeln, mit Strudel, Auflauf und Milchnudeln nur sättigte, er verhängte dazu auch noch ein striktes Kammerfensterverbot.

»Wehe euch, ihr leichtfertigen Burschen, wehe euch, wenn ihr während der strengen Fastenzeit vor dem höllischen Laster des Gasselgehens oder gar Kammerfensterlns euch nicht in die acht nehmen könnt! Ihr werdet es zeitlebens mit einem bitteren Eheleiden büßen müssen. Denn da drauf ist kein Segen. In der Fastenzeit betet man den Kreuzweg und geht nicht an ein Fenster, sondern eilet lieber gen Kalvaria! — Und ihr, liebe Jungfern und unschuldigen Mädchen, machet die Fenster nicht auf jetzt! Haltet die Rieglein fest verschlossen und gebt niemandem an! Schlupft unter die Zudeck, hört nicht auf, betet bis der Schlaf kommt! Denn es geschieht Fürchterliches, wenn auf einem Hof eine Dirn während der Fastenzeit einem Burschen heimlich das Fensterl öffnet. In so ein Haus wird das Unglück einkehren und der Blitz wird einschlagen den kommenden Sommer, und es wird zumindest ein verheerendes Hagelwitter niedergehen! —«

Da hörten die schläfrigsten Burschen andächtig zu und kein einziges Bürschlein hat in der Fastenzeit den Frevel herausgefordert. Man verfiel damals auf das Briefeschreiben oder begnügte sich mit den zahlreichen Ölbergandachten, schmerzhaften Rosenkränze, auf die Predigten am Sonntag nachmittag und auf andere fromme Bräuch. Man war froh, wenn man den Schatz auf dem Kirchweg von weitem sah, warf gar in der Kirche selber ein Auge hinüber auf die Weiberseite, begegnete sich auf dem Friedhof geschwind in der Enge der Gräberreihe oder es schickte sich gar der glückliche Zufall, daß man beim Eintritt in die Kirche zusammen in den Weihbrunnkessel die Hand eintauchte. Die Liebe in der Fastenzeit begnügt sich mit wenigen Zeichen und Blicken und lodert doch hell und herzlich und voröster-lich.

Freilich, wenn draußen dann das schönste Märzwetter staubt, trocken und warmlüftig, daß es zum Habernbaun gerade recht ist, dann verspürt ein kräftiger, junger Bauernbursch eine kräftige Freude aufsteigen, und der Übermut erdrückt ihn schier mitten in der Fastenzeit. Dann ist gottlob nicht der Sonntag Judica oder Okuli, dann ist halt Lätare. Und das ist ein Tag des Rastens während des Fastens. Am Lätaresonntag darf

die Orgel lauter spielen, und die Gesänge der Messe erinnern bereits an die Auferstehung.
Ein schöner Tag. Der Sternecker Wastl wird von der Mutter in die Kreuzwegandacht geschickt. Sie muß etwas gemerkt haben, denn der Postbote hatte dem Wastl einen Brief zugesteckt. »Und wennst dreimal an Liabsbriaf kriagt hast, du gehst in die Fastenpredigt auf Kirchnzell! Da predigt heut a Kapuziner. Da mirk auf, nachand vergehn dir die Gschichtn!«
Der Wastl macht sich gemütlich auf den Weg. Überall um ihn regen sich die Lebensgeister. Bei den Weidenstauden am Waldrand spitzen schon etliche Palmkätzchen heraus. Es sind die »Palmmantschi« für den Palmsonntag, mit denen unser Herr begrüßt wird, wenn er feierlich in Jerusalem einzieht, und die dann an die Äckerränder gesteckt werden, wenn man am Ostermontag um die Felder geht. In der Hinterleiten blühen gar schon einige Schneeglöckerl. Da sieht das Auge des jungen Bauern ein ausgewintertes Korn und dort einen zu dicken Weizen. Im Wald selber ist es von unter her naß und von oben her still. So ein Wetter mögen die Holzbäum', da wachsen sie jeden Tag um einen Millimeter. Der Wastl begreift die Widersprüchlichkeit der lustigen Frühjahrszeit und der traurigen Fasten und schreitet munter vorwärts. »Von mir aus«, denkt er ihm, »nach der Predi' führ i mein Babettl übers Ötz-Hölzl zum Schneeglöckerlbrocka. Die kemman an Herrgottswinkl, da konn unser Herr nix dagegn habn.«

Mit so ernsten Gedanken kommt der Wastl auf die Vorderleite, wo die Sonne warm ansteht und sich der Leitnerhof ausbreitet. Der alte Austragler, der Leitner-Vater, hockt auf der Gredbank und wärmt sich ein wenig auf.
»'S God, Leitnervater! Laßt dir von der Sunn' oan aufspuiln?«
»O mein, Wastl, d'Mirz-Sunn dergeit bei mir nimmer.«
Der Wastl setzt sich für einen Plausch auf die Bank. Er weiß von seinem eigenen Großvater, daß der alte Leitner in seiner Jugend ein ganz ein Wilder gewesen war und daß er seinen Großvater einmal am Kammerfenster in Nialing mit dem Heuseil unterlaufen hat. Eine gefährliche Sache war das Unterlaufen am Kammerfenster. Die Rivalen scheiteln dich von der Leiter und du ergreifst die Flucht, denn die Rivalen sind immer in der Überzahl. Aber flüchtend heißt es jetzt erst recht aufpassen, den zwei der Angreifer halten in der Dunkelheit ein gespanntes Heuseil auf und versuchen dich damit zu unterlaufen, daß du nur so purzelst und dir einen Schreck von der Gefährlichkeit der Liebe für ein ganzes Leben holst. — Gewiß dachte der Leitnervater jetzt in der Märzensonne an jene dunkle Episode. Der Wastl sah nämlich seinem Großvater sehr ähnlich. Aber der alte Austragler ließ sich sein Erinnern nicht anmerken.
»Die hoaß Juni-Sunn' wenn i no derlebat, nachand kunnt i's nomal a Jahrl aushaltn auf dera Welt.«

»Mögst hundert Jahr alt werdn, Voda? — Gfallts dir allerweil no so guat, han? —«
»Was hoaßt da gfalln? Übergebn und nimmer lebn. — Alls wia's oan aufgsetzt is.« Er schüttete eine Prise Schnupftabak auf seinen Handrücken, schnupfte aber noch nicht.
»Was anderst: hätts ös koan Kuahkaibe' zon hergebn? Mir brauchetn oans, weil ünserne Küah heuer lauter Stierkaiben bringan.«
»Da muaßt mitm Bauern redn, Wast, i bin grad der Vater.« Es schmerzte ihn das Alter, obwohl ihm nichts weh tat.
»A Mirzkaibe' waar halt dös recht. Weil: was da Mirz auf d'Welt bringt, dös steht auf feste Füaß.« Der Wastl wunderte sich selbst über seine gescheiten Aussprüche, die er doch alle von seinem Großvater her hatte. Und der Großvater war seit drei Jahren schon gestorben. Erst jetzt fiel ihm immer wieder ein Spruch von ihm ein. »Kunigund bringt d'Wirm von unt«. Oder: »Der heilige Benedikt diam schon die erstn Schwaiberl schickt.« — Er hatte keinen Ärger auf den alten Leitner, denn siegreich auf dem Nialingerhof war schließlich doch sein eigener Großvater gewesen. Und so schöne alte Sprüch wie der Opa weiß der alte Leitnervater halt doch nicht. —
Der Leitner mußte die Gedanken des Sternecker Wastl geahnt haben. Er ließ die stattliche Prise auf seinem Handrücken gehörig von der Märzsonne bescheinen und

meinte dann: »Ja, der Mirz! An Mirz solln d'Sau facke'n, d'Stuatn füllen und d'Küah koilbern.«
»Was soll na' i toan an Mirz? — Geh weiter, Leitner, gib mir an Ratschlag!«
»Sticht di der Habern, Wast? — Dös waar sauber z'früah. Der Habern werd ja jetz' erst baut. Und mir schreibn erst die heilige Fastn. Da is' gscheiter man halt se' zruck bis nach der Auferstehung an Karsamstag. Dös bringt an Segn.« Er wollte den Schnupftabak in das Nasenloch schieben, da fiel ihm nochmal etwas Wichtiges ein: »Und mirk dir dös, Bursch, je fleißiger du di Fastenzeit haltst, um desto a bravers und bessers Weib kriagst amal!«
Der junge Sternecker verwunderte sich. Der alte Hallodri redet wie die Mutter. Am End ist an dem Satz doch etwas Wahres. »A so moanst? Nachand waar's ja glei' gscheiter i aß überhaupts nix mehr bis auf die Auferstehung. Weil: Böse Weiber gibts mehrer.«
»Wann a junger Mensch fleißig in sein Fastenpredigt geht, na' kriagt er amal a brave Hauserin, dös hab i schon in der Feiertagsschul glernt.« Er zog den geschmalzenen Brasiltabak gierig in seine Nasenlöcher. Gleichzeitig öffnete sich das Stubenfenster und eine böse alte Frauenstimme geiferte heraus. »Glei' machst, daß d' einer kimmst, süst werst wieder krank, du alter Haderlump! — Hockt se' er im Mirz schon auf d'Gred aussi! — Daß d' krank wirst und man mit dir a rechts Gfrett kriagt! Alter Depp, alter!« —

Der Vater schnupfte seelenruhig zu Ende und reagierte auf die böse Stimme mit keiner Miene. Nach einer Weile meinte er in dem weisen Ton eines alten Sprichwortes: »Dös ganze Lebn is a Buaß und a Fastn.« — Da machte sich der Wastl wieder auf den Weg, und vergnügt fiel ihm ein, daß eine jede ordentliche Fastenzeit den Sonntag Lätare kennt. Und er zimmerte sich ein paar lustige Schnaderhüpfl zusammen, weil er sich schon so auf sein Dirndl freute — aufs Babettl beim Schneeglöckerlbrocka — gleich nach der Fastenpredigt.

        Wann da Auswärts gen kimmt
        Werd mein Zithern neu gstimmt,
        Werdn die Pfluag-Greta gricht,
        Werdn die Bier-Faßen picht.

        Werd a Dirndl aufganga
        Und a Liabschaft angfanga.
        Is da Mirz aa no kalt,
        Der Liab is nix z'bald.

# Die Ölbergandacht

Heit gibts ja koane Ölbergandachten nimmer. Die neumodischen Bischof und Pfarrer habns abgschafft. Aber bis Ende der fuchzger Jahr san sie fleißig im Brauch gwen.*
I woaß no, als wanns heier gwen waar: all Johr in da Fostnzeit hob i mit da Muatta an Ölberg gehn derfa. Mia, in unserna Pfarr', mia habn koan ghot, aba z'Greanwang obn, da is da schönst Ölberg da gwen weit und broat. Und alle Pfinsta- und Sunnta'namittag, vo Invocabit bis zon Palmsunnta', is z'Greanwang an Ölbergandacht varricht wordn.
An Pfinsta noch Reminiscere — anan Sunnta' waar ja mein Muatta nia net furt und unter da Wocha is für a Bäurin aa rara — also a den Pfinsta san mia auf Greanwang aufe. Z'Fuaß natürle und quer übas Moos neba da Bahn.
Daß i's glei sag wia's is: mia hat de Ölbergandacht gfalln. Net grad zwengan Einkehrn danach, na, na! Aa weil ma d'Muatta vasprocha hat, daß i an Engl z'sehgn kriag, wann i brav bi. — Wia ma a d'Kircha einkemman, is da drin ganz finster. D'Ki'rafenster san mit schwarze Tüacha vahengt. Und vorn, am Altar, dös hoaßt vom Houchaltar hat ma net vuil gsehgn, da is

* Anmerkung: Noch 1954 wurde in einer bayerischen Pfarrei für siebentausend Mark eine neue Ölbergkulisse angeschafft.

da Ölberg gstandn, a mordsmächtige Bühne, houche Kulissn mit Ölbaam drauf gmaln und mittn drin unser Herr selm. Weiter hint san de Apostl glegn — auf an O'wendl söl — und habn gschlofa. Aba no is de ganz Szene vo Gethsemane net feinla beleicht gwen. — Zerscht is d'Fostn-Predi' kemma.

De hat mia natürle z'lang dauert, und i hab an d'Muatta hinbenzt und habs gfragt: »Kimmt denn der Engl no net bald, Muatta, densd' vasprocha hast? Der unsern Herrn an Kelch bringt, auf daß er se' kräftign kon in seiner Todesangst?«

Und d'Muatta hat ma zuagwischbat:

»Sei stad, Bua, und schaug schön vüre! Da Engl kimmt schon no!«

Aufamal hats Amen ghoaßn, und vorn san d'Liachta aufganga! — Iatz hat ma erscht gsehgn, wia scheen daß der Ölberg is! Bsundas da Herr Jesus: a ganz a weiß Gwand hat er onghot und a routa Umhang is eahm um d'Schultern gschlogn gwen. Hintn de Apostl habn gschlofa, daß ma moan hät mögn ma hörts schnarcha! Es ist ebbas bet wordn und nachand hat am Chor obn a tiafe Stimm s'Singa ongfangt mit da Urgl, daß oan glei zwoaraloa wordn is. »Vater, sieh, es ist dein Sohn!« Da hat se de Christusgestalt aufamal zum rührn ongfangt, is an etli Schritt vüre und hat se' tiaf vaneigt. Und s'Liacht is dazua rout wordn. Nach ara Weil, wia de erscht Stroph vo dem Liad is z'End gwen, hat se da Herr wieda aufgricht und is zruck.

No, und dös söl hab i aus da biblischn Gschicht schon gwißt, daß de Apostl glei wieder weiter gschlofa hobn. Daweil is wieder bet' wordn und vürglesn aus da Passion. — Und i — bsundas wiar i no kleana gwen bi — »geh, Muatta«, hab i wieda benzt, »kimmt denn da Engl no net?«
»Psst! Sei stad, Bua, und schaug schön vüre! Da Engl kimmt schon no!«
D'Urgl hat nomal ongfangt mit da tiafn Baßstimm, und es hat se' am Ölberg vorn des nämli wiedaholt. Aba da Engl ist no net kemma.
Erscht beim drittn Mal: da Herr is tiafbeigt vorn kniat und aufamal — zerscht a schneeweiße Wolkn und na a funklnda Engl mit zwoa weitmächtige Flügl — is ganz langsam vo obn oba gfahrn, in de Händ an guildenen Kelch.
Da hat se' da Herr aufgricht, und da Engl is wieda furt, an Himmi aufe, wia ma d'Muatta gsagt hat. Na is aus gwen. Und mia san ganga.
»So, Bua, iatz weilsd' so brav gwen bist, iatz gehn ma zon Lebzelta einkehrn! Trink ma en Met und du kriagst an Lebzeltn.«
Und es hat oan gebn, an Met, beim Lebzelter in da schwarzaustaafetn Stubn, an guatn, an süaßn. Grad weni' hab i halt trinka derfn. Dafür hab i fünf Lebzeltn gessn und na' san ma hoam.
Und an Moos oba no is ma allweil de tiaf Stimm eingfalln: »Vater sieh, es ist dein Sohn!« Und natürle da

Engl aa. Was er in dem Kelch drin ghot hat, an Met
oder ein Wein? Und bsundas dös han i gfragt, warum
daß er grad oanmal kemma is und net dreimal?
»Mei, Bua, dös woaß i aa net. Freili hätt er dreimal
kemma kinna. Und er hätt aa gar net kemma kinna.« —
Wia er zerscht so lang alloan gwen is in da Angst,
's erschte Mal und s zwoate Mal, da is er net kemma,
da Engl. Erscht wiar Er schia fast vazweifelt ist, na
erscht... Dös is da Beweis dafür, daß ma net glei ver-
zweifelt! Daß ma net moant, man is alloan! Man is
gar nia net alloan... Und wenn man fleißi bet', na
kimmt oan aa da Engl in da Angst und stirkt oan.
Und schon ganz mit ebbas andan als wia mit an Met
oda Wein!« —
Ja, ja, mein Muatter! Wenns aa grod a Bäuerin war,
sie is net dumm gwen. — Schön langsam is Nocht wordn.
Iatz is d'Mutta voraus und i hübsch nah drauf, daß i ihr
schier bin auf d'Fersn gstiegn. Na' san de drei Birkan
kemma und übas Bergl aufi bin i wieda voron. Weil:
iatz hat uns da Bello schon ghört, unser Hofhund.

> Wann da Giß-Vogl schreit
> Is' s'Fruajohr net weit.
> Waht a lauwarma Wind,
> Bruadaherz, iatz gehts gschwind!

Unsa Schmied hats schon gspitzt
De Pfluaschaar, daß' blitzt
In da Mirz-Sunn, da schau
Is da Himmi so blau!

Üban Berg, übas Moos
Hearst es riachen de Roß',
Tean ma Hoban baun heit,
Daß' na' wieda dageit!

Aa da Bräu tuat sein Pflicht,
Bal er d'Bierfaßen picht.
Ja, alls werd nei gstimmt,
weil da Auswärts gen kimmt!

Und mein Oustabeicht bring i
Recht zeitibald ein,
Auf de Weis do zwing i
De grouß Liab a weng ein.

Ja, an Fruajohr muaß sein
De Heili Fost'n;
Süst, Deandl kunnt sein,
Müaßt mi eini loss'n.

# Die Osterbeicht

Der Frühling wäre schon eine schöne Jahreszeit! Die Schneeglöckerl kommen daher, die Vogerl pfeifen wieder und das Starkbier wird angezapft. Wenn nur justament in diese regsamen Tage hinein nicht die Osterbeicht fallen tät! — »Himmel-Alleluija, wo alles so frisch und roglig wird, kommen die mit dem Beichten daher! — No dümmer hätt's eahna net einfalln könna. Im Winter, wenns no koan Schnee hat und man eh net woaß, was man toan soll, da waars recht die saudumme Gewissenserforschung. Oder no früher, auf Allerheiling-Allerseeln, da gang die Traurigkeit in oanm Trumm dahin. — Aber na, auf Oustern muaß' sein! — Gwiß hats aa der Kaiser Karl der Große gsetzmaßig eingführt, die Ousterbeicht, weils gar a so weh tuat!« — Der junge Knecht des Jakob Viehböck von Unterrossing, der Valentin Tafelmeier, kurz der Vale geheißen, erst seit Lichtmeß eingestanden, flucht heimlich im Roßstall draußen, weil ihn die Bäuerin zum dritten Male nach dem Beichtzettel fragt.
»I beicht schon no. — Wenn aa net bei ünsern Herr Hochwürden. Und beim Koprater aa net.«
»An Palmsonntag auf d'Nacht, wenn i dein Beichtzettel net hab, nachand konnst gehn und dir um an andern Deanstplatz umschaugn. Bei uns is' der Brauch, daß

der Bauer am Speispfinster im Pfarrhof die Beichtzettl abliefert.« Die Bäuerin schlug die Häusltür zu. Dieses herzbehaftete Häuschen stand etwas windschief am Ende der Roßstallmiststatt, schnurstracks der Stalltüre gegenüber, auf daß es ein leichtes Ausmisten war beim Viehböck in Unterrossing, wo man einen sehr großen und guten Pferdestall hatte.

Es ist bekannt, daß das »Herzerl im Häusltürl« zu den speziell derb-fröhlichen Witzeleien zählt. Wie die Franzosen sich über die Hörner des Ehemannes zu Tode lachen können, obschon das Thema bei anderen Völkern eher ein Weinen auslöst, so belächeln die alten Bayern das Häusl mit dem herzförmigen Türausschnitt. Durch dieses Fenster kann man halt hineinsehen, ob besetzt ist oder nicht. Und selbstredend freut sich der Bauer, wenn die junge Mitterdirn da gerade drinnen hockt. Derlei unkeusche Harmlosigkeiten waren kurz erlaubt. Und daß sie nicht allzu unfreundlich ausfielen, hatte das unanständige Guckloch die Form eines liebenden Herzens bekommen. Als wollte ein uralter Zimmermann sagen: »Ins Herz müßt ihr den Menschen schauen, nicht in das Häusl!«

Der Valentin also weiß seine Bäuerin, die ehrengeachtete Cäcilia Viehböckin von Unterrossing, mit ihrer fleischlichen Körperlichkeit, unten gut durchwachsen und oben beinah korpulent, in dem herzhaften Häusl auf seiner Roßstallmiststatt. Obschon sie beim Viehböck zwei Häuschen hatten, ein weiteres nämlich in der Kuh-

stallmiststatt für die weiblichen Ehehalten, bevorzugte die Bäuerin doch das nähergelegene Roßstallhäusl. Der Valentin, der in seinem Herzen dem Büßergedanken noch sehr ablehnend gegenüberstand, hatte eben die letzte Radltrage Pferdemist aufgeladen und rollte nun die kleine Fuhre auf die Miststatt. Er kippte sie ganz in der Nähe des Häuschens um, dabei stemmte er sich gegen das windige Bauwerk, in dem seine Bäuerin saß. —
»Scheißbeichtn, verreckts! I mag net!« —
Obschon er die Worte nur für sich geflüstert hat, hat ihn die Viehböckin genau gehört. Eine zornige Erregung erfaßte sie und trotz des delikaten Augenblicks fing sie erneut zu schimpfen an: »Heut no beichtst! Und wenns dir in der Pfarrei zwider ist, na' fahrst auf Wendling umi!« Ihre Stimme klang laut und deutlich vernehmbar.
»Mi gfreits aa z'Wendling net. Weil mi 's Beichtn überhaupts ärgert.«
»Und warum? Weilst o Loder bist, a recht a verkemmener!« Ihr war der neue Knecht gleich als ein besonderes Früchtchen aufgefallen.
»Na, Bäurin, weil ünseroans dös ganz Jahr schuftn und arbetn muaß wiar a Viech und wenns Oustern werd, na hast no nix z'beichtn aa!« Der Valentin war über die Verhältnismäßigkeit seines eigenen Lebenswandels enttäuscht. »Koan oanzige gscheite Sünd han i, Bäurin! — Koan oanzige! — Zefixbeichtn verreckts!« —
Er stieß die Mistgabel tief in den festgetretenen Misthaufen, daß die ganze Miststatt bebte.

So seltsam der Diskurs auch war, die Großbäuerin von Unterrossing, schon beinah am Ende ihres Aufenthaltes in dem wackeligen Gebäude angekommen, blieb hartnäckig bei ihrer christlichen Ermahnung. Das war ja auch ihre Pflicht. Man muß die Ehehalten, in der Stadt auch bloß Dienstboten genannt, mit aller Liebe, Härte und Strenge auf den Weg der Wahrheit und des ewigen Glückes führen. Darum heißen sie auf dem Lande ja auch Ehehalten, weil sie die Ehe erhalten und auch zur Ehe gehören. Sie erinnerte sich an die große Predigt des Pater Placidus von Kloster Wendling am Notburgafesttag genau. Sie würde am Jüngsten Tag selbst für das Heil ihres geringsten Knechtes verantwortlich gemacht werden. Sie, die Viehböckin von Unterrossing. Darum sprach sie besonnen die geflügelten Worte: »Larifari, Vale, a paar Sünd' hast gwiß, weil Sünder san mir alle.« Da kam sie aber bei dem über sich selbst erzürnten Valentin schlecht an. »A paar kloane Sünden hab i freili'. Aber koan gscheite! Woaßt, Bäurin, koan söllane, die 's Beichtn wert waar! Und aa koan söllane, daß oans' Beichtn a Freud machet!« Er zog die Mistgabel wieder heraus, schleuderte mit ihr nochmal ein kleines Böllerl Roßmist aus der Radltruhe und rammte die Gabel dann erneut kräftig in den Misthaufen, daß das herzhafte Häuserl abermals bebte. — »Iatz bin i bereits oanazwanzg Jahr, hast ghört, und hab no gar nixn net zum Beichtn. — Die Herrgottszaggaramentsweiber, die verreckt'n! Koane hat mir aufton, koane is mir stehn bliebn.

Bin i denn so gräußlich? Was mach i denn falsch?«
Cäcilie Viehböck verließ das beherzte Häusl und stand
nun vor ihrem jungen Roßknecht. Die Ehrlichkeit
machte sie ein wenig verlegen.
»Sölla Gschichtn kümmern mi nix, mir san an anstän-
diger Hof, und bei üns werdn die Beichtzettl seit Men-
schengedenken am Gründonnerstag in den Pfarrhof
getragen, basta.« —
»Woaßt, Bäurin, i schaam mi' vorm Herrn Hochwürden und von die Pater z'Wendling zwoamal. Und lüagn
mag i im Beichtstuhl aa net.«
Und weil die Bäuerin ihm keine Antwort mehr gab und
auf das Haus zu ging, rief er ihr noch nach: »Wenn i
so ebbas beichtn kannt wia der Girgl, der Mitterknecht,
nachand hätt' i mein Ousterbeicht aa schon einbracht.«
Er nahm die leere Radltruhe und verschwand mit ihr
im Roßstall.
Auch die Viehböckin hantierte nun wieder in der Küche.
Aber was ihr da der junge Drittlknecht eben nachge-
rufen hatte, das machte sie giftig. »Ist dir dös a Kreiz
mit die junga Mannsbuilder! Laß dich nur mit keinm
ein, Monika, geh liaber ins Kloster, den Rat gib dir i!«
Sie schüttete den Milchhafer in den Kälbereimer und
redete mit ihrer Kucheldirn, einer jungen Feiertags-
schülerin. Am End brachte sie der geschwätzige Knecht
Girgl in ein Gerede. Der kleine Bub in der Wiege fing
zu schreien an, und der Bauer schaute in die Stube hinein, denn es war bald Zeit zur Morgensuppe.

Der Viehböck war ein sparsamer Bauer, nicht gerade geizig, aber unnachgiebig in der Handelschaft und sehr säumig im Geldausgeben. Den Gehorsam seiner Ehehalten war er gewohnt; nur die Hartmäuligkeit seiner Bäuerin verdroß ihn, dabei war er erst drei Jahre verheiratet. Die Suppe war also noch nicht fertig, und es schlug die Uhr schon sieben. »Is denn no net zu der Suppn?« Es kam zu einem kleinen Wortgefecht, und der Bauer ging aus der Küche. Seine Leidenschaft waren nicht die Pferde und nicht die Kühe und nicht die Äcker und nicht die Wiesen und nicht der Wald. Er liebte seine Ochsen. Den ausgewachsenen Stierkälbern nahm er eigenhändig die Kräftigkeit des Geschlechts und spannte sie an schwere Holzprügel, damit sie, immer noch übermütig und jung, das Joch ertragen lernten und die Arbeit als Zugochsen. Prächtig fütterte er sie heran, und seine Ochsen waren bald berühmt bei allen Viehhändlern. Zweijährig verkaufte er sie und freute sich an dem Erlös. So brachte er jedes Jahr zwei, drei behäbige, abgerichtete und kräftig-gesunde Ochsen an den Mann. Nicht zu billig selbstverständlich, denn handeln ließ der Viehböck nicht. — Eine sonderbare Leidenschaft für einen großen Pferdebauern, diese Ochsenzüchterei! Sie war zu Unterrossing noch nie üblich gewesen. Erst der jetzige Bauer betrieb das merkwürdige Geschäft mit Anstrengung und Geduld. — Er also ging in den Ochsenstall und putzte und striegelte seinen Lieblingsochsen, den Schecki. Dieser Schecki stand be-

reits im dritten Jahr und wog gute sechzehn Zentner. Er war ein besonders prachtvoller Ochs und konnte wegen geringer Preisdifferenzen mit den Handlern immer noch nicht verkauft werden. Einen Ochsenhändler erwartete der Viehböck jeden Tag. Darum striegelte und putzte er den Schecki auch jeden Morgen und steckte ihm auch besonders viel Heu auf. Unter siebenhundertundfünfzig Mark würde er den Schecki niemals verkaufen. —
»Was er no grad allweil mit seine Ochsndeifi hat, der Bauer? — Mit acht Roß im Stall ist dös koan Umgang für a Mannsbuild«, seufzte die Bäuerin. Während die Ehehalten um den Tisch herum saßen, die sechs Mägde auf den rücklehnenlosen Vorderbänken und die sechs Knechte, Mitter- und Drittelknechte samt dem Saububen auf der umlaufenden Wandbank und ihre aufgeschmalzene Brotsuppe aus einer riesigen Schüssel herauslöffelten und die Großmutter mit der Bäuerin am kleinen Ofentischerl das gleiche taten, blieb der Platz des verärgerten Bauern in der Stube leer. Nur in der Wiege, hinten beim Kanapee, strampelte der Sohn.
»Ah was, ess' ma's zsamm die Broutsuppn, Muatter! — Warum geht er net einer? — I schlag eahm nachand vier Ochsnaugn eini ins Pfandl. Die mag er am liaban.« — Mit mehr Berechtigung hätte man die Spiegeleier in der Pfanne nirgendwo Ochsenaugen nennen dürfen als auf dem Viehböck-Hof zu Unterrossing, Gemeinde Dürling.

Als man mit der Suppe fertig war und der Engel des Herrn gebetet wurde, stand plötzlich auch der Bauer in der Stube. Er betete laut mit und fing dann gleich nach dem letzten Kreuzzeichen, wo es heißt: »In Ewigkeit Amen!« das Anschaffen an. Jedes der sechs Ehehalten bekam genaue Anweisungen für den ganzen Tag. »D'Res und d'Rosl derfan Mistbroatn in der Hinterleitn. D'Mare und d'Fanny und 's Liese und der Ludwig tean Mist aufladen. Der Saubua spannt vür mit die zween Fuchsn, i tua's, wenns noutwendig werd mitm Ochs. Der Ludwig und der Peter spannen eahnane Roß ein. Und der Girgl und der Vale tean Gsottschneidn.« Er warf den Hut auf das Kanapee, ging zur Wiege und fragte den kleinen Buben in herzhaft-kindlichem Ton: »Ja und was tuast du? Du Schlawuzi-wuzi? Magst du no gar nix toan?« Er wartete wie selbstverständlich auf seine Ochsenaugen.

Da die Viehböckin dem Bauern die letzten vier Eier aus der Speisekammer eingeschlagen hatte, wollte sie selber nach dem Rechten im Hühnerstall sehen. Denn das war außer der Art und Weis, daß die vierzig Hühner vierzehn Tage vor Ostern so wenig Eier legten! Gewiß haben sich im Stadel und auf dem Heuboden etliche Bruthennen selber angesetzt. Und vielleicht kann sie da und dort im Heustock noch ein verlegtes Nest aufstöbern. — Sie stieg also den Leiterbaum hinauf und schloff im Heu herum. Da traf sie auf den Vale, der zum Häckselschneiden schwitzend Heu hervorzog und

zur Schneidmaschine hinunterwarf. »Suachst a Bruathenn, Bäuerin, han?« Der Valentin zog einen kräftigen Anstich Heu dicht an der Viehböckin vorbei. »Da hintn, ganz im Altheu hintn, unterm Dach, sattelhandig, ja da, da bruatn glei' zwoa Henna.«
Die Bäuerin schloff mühsam den langen Heustock hinter. »Von selm kinnts ja ös nixe sagn, ös Oaraussaufer, ös gschleckign!« Der Stockübergang vom Krummet aufs Altheu war etwas steil, und die Bäuerin rutschte aus. Da warf der Valentin die Gabel weg und stürzte sich helfend herbei. Er half ihr eine Zeitlang mit Eifer und erregten Griffen, wobei er selbst ins Heu sank. Die Viehböckin schimpfte und schnaufte. »Du Loder, du dreckiger, iatz moan i, hast z'beichtn gnuag!« Und weil dieses laute Geschimpfe der Girgl unten bei seiner Gsottmaschine jetzt erst hören konnte und weil ihm auch bereits das Heu ausgegangen war und der Valentin nicht mehr zu sehen war, stieg er geschwind den Heustock hinauf, erkannte die Situation und fing mit dem jungen Knecht auf der Stelle das Raufen an. Die Bäuerin aber besah sich die Bruthennen, beäugte die Zahl der Eier und ließ die eine von den beiden wilden Brüterinnen hocken, während sie die andere kurzerhand aushob und unterm Arm mitnahm. Sie würde sie in den Wassertrog tauchen, da würde ihr der Brut schon vergehen.
Die beiden Ehehalten rankelten unterdessen im Heu weiter, und der Girgl riß dem Valentin ein Büschl

Haare aus. Da schickte aber die Bäuerin ihren Mann auf den Heustock, und die Rauferei fand rasch ein Ende, denn der Viehböck war eine Respektsperson. »Wer angfangt hat mit dem Streit, der kriagt sein Lohn und er kann morgen gehen, basta!« — Es half dem Valentin kein Auspacken und Reden, der Girgl und die Bäuerin beschuldigten ihn aufs heftigste. Angesichts des herannahenden Osterfestes, einer hochheiligen Zeit, durfte der Jungknecht noch bis zum Osterdienstag bleiben, in der Knechtkammer schlafen und am Tisch mitessen. Lohn bekäme er keinen mehr und lieber wäre es dem Bauern freilich, er würde sich so schnell wie möglich weit weg einen neuen Dienstplatz suchen.

Zunächst machte sich der Valentin am hellen Werktag auf nach Kloster Wendling zum Beichten. »Sei froh, daß i di net bei die Gendarm verklag, Stierbeutl dreckiger«, schimpfte ihn der Viehböck zusammen. »Dafür bringst du mir heit no dein Beichtzettl! Geh no' umi auf Klouster Wendling! Die zwoa Stundn Fußmarsch und dös Beichtn dazua, dös macht di' wieder nüachtern!«

Der Valentin ging mit gesenktem Kopf die Bauernstraße gen Wendling, die bald in die alte Wallfahrerstraße einmündete. Etliche fromme Leute begegneten ihm, aber keine Wallfahrerprozession. Wendling ist eine große und stattliche Benediktinerabtei mit einer Brauerei und zwei Meierhöfen, einem Sägewerk und etlichen tausend Tagwerk Wald. Er kannte die Stifts-

ökonomie, denn er war zwei Jahre lang Stallbub gewesen, und der Pater Otloh, der gewichtige Stiftsökonom, ein Mann von drei Zentnern, hatte ihm schon einmal aus seiner Tabaksdose eine Prise Schnupftabak angeboten. Er würde nicht nur beichten, er würde auch die Ställe aufsuchen. Es war grundfalsch von ihm gewesen, von der Klosterökonomie auf einen gewöhnlichen Bauernhof überzuwechseln. Denn auch auf den Meierhöfen gibt es Mägde und vielleicht wäre er schon lange nicht mehr so unerfahren als zweiter Pferdeknecht Seiner Gnaden, des hochwürdigsten Herrn Abtes. — Vielleicht wäre er gar in den Orden eingetreten und ein ehrwürdiger Bruder Schweinemeister geworden. Oder er wäre der Nachfolger des Bruder Meinrad geworden, des Baumeisters der oberen Ökonomie? — Als Mönch könnten einem die Weiberleut ohnehin alle miteinander gern haben, diese langhaarigen, bockigen Geißen, die einem Knechtl die Liebschaft verweigern.
Ein Automobil ratterte vorbei, eine Benzinkutsche aus der Stadt. Das sind halt noble Herrschaften, denkt sich der büßende Valentin, weicht einen Schritt zur Seite und zieht grüßend seinen schäbigen Hut. — So einer müßte man sein! Ein Stadtfrack mit einer wohlschmeckenden Madame an der Seite. Dagegen sind alle Weibspersonen auf dem Viehböckhof gräußliche Stalldirnen. — Ach, was heißt schon Stalldirn? — Ihm gefielen die Mädchen im Stallgewand gerade am besten. Und heißt nicht auch ein uralter Bauernspruch: Heiret koan Mode-

puppn, a saubers Weib muaß dir aa im Stallgwand gfalln!

Er kam mit seiner Gewissenserforschung rasch vom Fleck und schon wuchsen zwei kleine Turmzwiebelchen aus dem Rübenacker der oberen Klostermeierei. Mit jedem Schritt wuchsen die Zwiebelhauben höher. Bald sahen sie nicht mehr aus wie die Türmchen einer kleinen Bauernkapelle, denn jetzt saßen diese Laternenzwiebeln auf einer größeren Haube, und nach weiteren zehn Schritten trieben zwei rundliche Kuppeln aus dem Feld, daß man schon an eine überirdische Erscheinung glauben hätte können. Aber es strebte das Wunder noch großartiger empor. Die beiden vielfältig geformten Zwiebelhauben bekrönten die Doppeltürme der Stiftskirche des heiligen Benedikt zu Wendling. Von der Sonne bestrahlt, erglänzte die Fassade der barocken Himmelspforte weitaus herrlicher und bezaubernd menschlicher als der rote Feuerball einer aufgehenden Sonne, einer Aurora. Zwischen den Türmen leuchtete in seiner speziellen Milde die kostbare Figur des Ordensgründers. Ein gewaltiger Gebäudekomplex breitete sich aus: Der Konventbau, das Refektorium mit der Bibliothek im Obergeschoß, die Prälatur, der Konviktbau mit dem Gymnasium, die Brauerei daneben, die Klosterwirtschaft, die Sägmühle dahinter und die vierfirstige Klostermeierei mit den Kuh-, Ochsen- und Pferdeställen. Alle Dächer überragte selbstverständlich die weltberühmte Barockkirche. Herrgott, ist das eine runde Welt! »Und ich Rindvieh bin hier schon einmal zwei Jahre lang Stallbub gewesen und nicht dageblieben!« Er blieb ein Vaterunser lang stehen und lüpfte seinen Hut. Dann lief er den Berg hinunter und suchte als erste Lokalität die Klosterwirtschaft auf. Kloster ist Kloster, sagte er sich, ob Bräuhaus oder Stiftskirche, und ließ sich von der Kellnerin eine Halbe dunklen Gerstensaft bringen. Er war ein Weltkind und hatte keine Begabung für den geistlichen Stand. »Ehvor i mein Ousterbeicht verricht brauch i a bisserl a Schneid. I schaam mich ja direkt vor dem Pater Placidus, dem Herrn Subprior.« — Nur bei ihm würde er beichten, das stand von Anfang an fest, denn der Pater Placidus war ein nachsichtiger Beichtvater und berühmt wegen seines herzerfrischenden und milden Zuspruchs. Gewiß, er nahm es ernst, ein jedes Bekenntnis, und ging gründlich vor mit dem Beichtkind, aber er ließ überall die göttliche Verzeihung durchblicken, und auch die menschlichen Schwächen waren ihm nicht fremd. Am End würde ihn der Placidus gar trösten und ihm vielleicht sogar einen Rat geben und ihm sagen, was er bei den Dirndln so grundfalsch mache? — Wer weiß? — Umbracht hat er keinen und gestohlen hat er auch nichts. »Es is' ja grad für d'Katz, daß i beicht! Und a so hätt d'Bäurin aa net glei' schreia braucha!« — Er trank sein Bier und aß eine Semmel.

Da ging die Tür auf, und der dicke Pater Otloh trat ein, begleitet vom Held Korbinian, dem bekanntesten

Viehhändler in ganz Niederbayern. Pater Otloh suchte sich mit Kennerblick einen festen Stuhl aus und setzte sich, daß sich ein Bodenbrett leicht einbog. Der schlanke Korbinian rief in seiner lauten und stets optimistischen Viehhändlerstimme: »Man lernt nie aus im Leben. Bis jetzt hab i nämli' gmoant, im Klouster gibts wenigstens koane altn Bräutküah. An Dreck! Aa gibts es. Ja, no alter sans die Viecher und zager! Die kauft ja net amal a Münchner Hofmetzger, die derf i ja glei' zum Gerber Drexlberger führn.«

Der Wirtschaftsminister der Abtei war aber nicht in Verlegenheit zu bringen. »Ja no, mein lieber Herr Held, der Deifl holt net bloß die Fetten, hier und da braucht er auch einen Dürren. Dann brennts wieder besser! — Grad a so muaß es dem Viehhändler aa recht sein. Und überhaupt, Korbinian, ich mach mit Ihnen kein Handlschaft mehr, wenn du mir net auf der Stell einen schönen, jungen und kräftigen Zugochsen herbringen kannst! Wir habn vorgestern einen notschlachten müassn. Was ist denn, hast denn kein' braven Ochs bei der Hand?«

Der Viehhändler jammerte nun über die Schlechtigkeit des Ochsenhandels. Die Bauern, die Zugochsen verkaufen, seien die allergrößten Spitzbuben und wenn er nicht zum Heiligen Sankt Wendelin eine Novene abhalte, dann wäre derzeit einfach kein Ochse aufzutreiben. Bei ihm nicht und bei den anderen Viehhändlern des Königreiches Bayern zweimal nicht.

Der Valentin hörte aufmerksam zu. Er kannte den

Viehhändler Held von dessen häufigen Besuchen im Ochsenstall des Viehböck zu Unterrossing. Und er erinnerte sich an die gestrige Handelschaft, die er mit seinem Bauern gehabt hatte. Und wie der Held nur sechshundertachtzig Mark geboten hatte für den prächtigen Ochs, worauf ihm der Viehböck den Stall verwiesen hat.
Der Valentin verfiel in Gedanken und träumte vom Viehhandel. Das wäre ein Beruf für ihn! Am Tag einmal gehandelt, wäre lohnender als ein Monat lang als Bauernknecht gearbeitet.
»Ausgeschlossen, Pater Otloh, völlig ausgeschlossen! — Unter achthundert Mark kann ich Ihnen nicht den Ochs bringen, der Ihnen a Freud macht!« — Der Korbinian redete ganz nach seinem Kopf. Die Verlockung im Herzen des armen Valentin steigerte sich in eine beinah für überirdisch empfundene Eingebung. Er war entschlossen, dem Pater Ökonom den Ochsen des Viehböck zu verkaufen. Mit diesem Geschäft würde er sich zugleich das notwendige Handelskapital beschaffen. Das würde dann immer mehr werden. Erst mit Schweinen anfangen, dann mit Kühen und Ochsen weiterhandeln, und schließlich gingen schneidige Rösser durch seine Hände. Er würde in die Stadt ziehen und dort eine große Agentur aufmachen, eine Ochsen- und Pferdeagentur. So etwas wäre ein Leben, da würde sich keine mehr sträuben und wehren, da würde ihm eine jede stehen bleiben, sogar die ernste, brave und schöne Mitter-

dirn, die Marie. — Er trank sein Bier aus und rannte in die Kirche, um die Osterbeichte abzulegen. In der österlichen Zeit saßen immer ein paar Beichtväter in den Stühlen, ältere Mönche, die sich abwechselten. Und weil er heute schon einmal einen Glückstag hatte, fand er auch den begehrten Pater Placidus. Er saß in dem Beichtstuhl, der das betrübte Englein mit dem schlechten Gewissen oben aufgesteckt hatte. Auf der einen Seite seufzte dieser Putto, auf der anderen aber jubilierte ein von jeder Trauer und Sündenlast befreites Englein. Die Beichtstühle trugen auch, in goldenen Lettern jeder, eine Aufschrift. Da hieß es in alter Wendung: »Erforschung, Rey und Leid, Steiffer Vürsatz, Bekanntnis und Bueß.« Über des Herrn Subprior Beichtstuhl, zwischen den beiden seelenvollen Putten, prangte in der kleinen Rocaille der »Steiffe Vürsatz«. Gewiß, einen sehr steifen Vorsatz hatte der Valentin.

Es war ihm jetzt plötzlich eine Lust zu beichten. Zwar schüttelte der Pater Subprior bei dieser und jener Sünde leicht den Kopf, fragte auch nach einer heimlichen Herzallerliebsten und hörte sich geduldig die Vorwürfe an, die das Beichtkind den Frauenspersonen an den Kopf warf. Schließlich gab er ihm den Rat der Geduld. Um ein liebes Weib zu finden, dürfe man vor allem keine Eile haben, sagte der Mönch. Zehn, ja fünfzehn und zwanzig Jahre auf die Rechte zu warten, sei keine Seltenheit. Und manch einer wartet ein Leben lang auf das Wunder vergebens. Auch so einer dürfe sich nicht unglücklich und verstoßen vorkommen, indem ein jeder Stand sein Renommee habe, auch der Ledigenstand. Und Jesus sei selber ledig geblieben. Er hätte ja auch sich verheiraten können. — Nicht auszudenken, was das dann den gelahrten Theologen für eine schwierige Arbeit und Müh gekostet hätte. Und Zölibat gäbe es dann wahrscheinlich auch keinen. — Aber nein, gottlob ist der Heiland ledig geblieben, um allen einschichtigen Mannspersonen einen Trost zu geben. — Also redete der Pater und schloß mit den Worten, daß es allgemein feststünde, wie die Verheirateten meistenteils sich viel unglücklicher fühlten als die Junggesellen. Als Buße nannte Placidus fünf Vaterunser samt Ave Maria. Und er schob ihm den Beichtzettel zu. Valentin legte diese begehrte Quittung vorsichtig in sein Meßbüchl und verließ den Beichtstuhl. »Gott sei Dank, die Osterbeicht hab ich hinter meiner, jetzt fehlt grad noch der Ochs!« — Er eilte zur Klosterpforte und verlangte den Pater Ökonom. Der hielt sich aber gerade im Bräuhaus auf, weil dort die Binder eben die großen Lagerfässer pichten und herumrollten wie Elefanten. Auch der schwere Pater Otloh rollte ein Faß über die Wiese, auf daß das warme Pech in dem Faß sich gleichmäßig niedersetzte. Valentin näherte sich dem Pater ehrfürchtig und redete ihn an. »Hochwürdiger Herr Pater Ökonom, mein Bauer hat ghört, daß die Klostermeierei an Zugochsn brauchet, und mein Bauer, der Viehböck von Unterrossing, der hätt' a so an Ochs, an schön aa no. Schecki hoaßt er, dreijährig is er, sechzehn Zentner hat er bereits und abgricht is er als Sattlochs.«

Pater Otloh ließ das Faß davonrollen und blieb hörbar aufschnaufend stehen. »Ja, du Lumperbua', warum sagst mir dös net schon gestern? — Her mit dem Ochs, der is kauft, und wenn er achthundert kost.«

So geschwind hat der Valentin schon lange keinen Weg mehr zurückgelegt wie an diesem seinem ersten Handelstag. Er lieferte bei der Bäuerin den Beichtzettel ab, bat sie um Verzeihung wegen des morgigen Vorfalls und erzählte dann dem Bauern, wie notwendig das Kloster Wendling einen kräftigen Sattelochs sofort bräuchte und daß der Pater Ökonom den Schecki so gut wie gekauft hätte um runde siebenhundert Mark. Er möge den Ochs doch morgen gleich hinbringen lassen, denn die Klostermeierei von Wendling sei für den Schecki ein hervorragender Platz.

»Unter siebnhundertfuchzge geht nix.«

»Ja no«, erwiderte der Vale wie ein alter Ochsenhandler, »am End kannst den Pater Ökonom morgn no naufhandeln auf siebnhundertzwanzge-dreißge!«

»Dös huilft mir nix. Unter siebnhundertundfuchzg Mark is mir der Schecki net feil.« Das war der Viehböck schon seinem Ruf schuldig, daß er mit sich niemals handeln ließe. Aber bei einer Differenz von nur noch zwanzig Mark konnte man auf einen guten Kaufabschluß hoffen. Und das angesehene Kloster Wendling war für seinen Schecki gerade gut genug.

Also zogen den andern Tag in der Früh der Viehböck, der Schecki und der Valentin auf der alten Wallfahrerstraße gen Kloster Wendling. In feierlicher Prozession begegneten ihnen die Reamadinger. Der Viehböck nahm seinen Hut vom Kopfe und hielt seinen Ochs an. Die Wallfahrer beteten in ihrer langen Zweierreihe über den Ochs, den Bauer und den nachtreibenden Knecht hinweg. Das war ein Bild des Segens und der Fruchtbarkeit. In der Mitte der Straße stand der schwere, kräftige Zugochse und links und rechts, am Straßenrand, wallfahrteten die Beter. Auch Hochwürden, der Herr Pfarrer von Reamading, wich dem unschuldigen Tier aus.

Gegen Ende der Schlange redete der Viehböck ein altes Muatterl an, das als letzte daherhumpelte: »Wo bets denn ös schon hin heit?«

»Zum heiligen Sankt Florian auf Wendling halt!« antwortete die alte Bäuerin. Da mußte der Viehböck staunen.

»Ja, ös seids guat! Ös habts ja selber an Florian in der Kircha z'Reamading!«

»Söl schon, aber der ünser is guat für d'Küah, für d'Roß is der Wendlinger bei weitem besser!« Sie eilte mit wehen Schritten ihrer Wallfahrerprozession nach, die da friedlich die geschlungene Straße emporbetete. Der Bauer, sein Ochs und sein Knecht sahen ihnen nach.

»Ja, ja, die Heiling! An jeder hat sein Tugend!« —

Endlich war man auch mit dem braven Ochs in Wendling. Der Viehböck kannte sich mit den Herren Patres nicht aus, darum schickte er den Valentin zum Pater Ökonom und wartete mit dem Ochs einstweilen vor der Klosterkirche.

Der junge Viehhändler war innerlich sehr erregt, und seine Gedanken waren schon unterwegs sehr rege gewesen. Ein habgieriger Plan ist ihm eingefallen, und während er an der Klosterpforte läutete, entschloß er sich, den Plan auch durchzuführen. Er fragte den Bruder Pförtner, einen überaus liebenswürdigen Mann, ob er nicht den Pater Placidus, den Herrn Subprior, im Beichtstuhl antreffen könne. Selbstverständlich, Pater Placidus säße gerade in seinem Beichtstuhl.

»Alsdann ist's gut«, meinte der Valentin. »Jetzt bräuchte ich dann nur gleich den Pater Ökonom, indem der Ochs bald kommt.« Der Ökonom befände sich vormittags immer in seinem Büro hinten im Bräuhaus. Blitzschnell kehrte der Valentin zu seinem Bauern zurück. »Es derf net alls glatt gehn, Viehböck! Der Pater Ökonom is' krank wordn, und die Gschäfter führt heut der Herr Subprior. Der aber sitzt grad im Beichtstuihl. Er woaß Bescheid, hat der Bruader gsagt, und er muaß den Ochs kaafa. Aber der Subprior derf im Augenblick net vom Beichtstuihl aufstehn. Wart ma a weng. Dös haßt, i kannt ja im Beichtstuihl eahm amal sagn, daß mir da san.« —

Das war dem Viehböck recht und der Valentin ging in

die Kirche und stracks in den Beichtstuhl des Pater Placidus. Er beichtete ein zweitesmal aufrichtig und setzte noch hinzu, daß er noch ein Anliegen habe. Sein Bauer, der Viehböck von Unterrossing, habe schon lange nicht mehr gebeichtet, wahrscheinlich schon zwanzig Jahre nicht mehr. Nun aber hätte es seine Bäuerin erbetet, daß er endlich sich bekehren wolle und er, der Jungknecht, hätte ihn soweit gebracht, daß er draußen stünde und seine Osterbeicht ablegen wolle.
»Ja bringen Sie den Mann nur geschwind herein«, meinte der Subprior. »Die Stunden der Bekehrung der Sünder schlagen selten, man muß sie gleich ausnützen.«
»Gern bring ich ihn«, fuhr der verschlagene Valentin fort, »gern und sofort, Hochwürden! I muaß Ihnen nur noch die Mitteilung machen, daß mein Bauer schwerhörig ist und einen fürchterlich geldgierigen Sinn hat. Er denkt immer nur an seine Ochsenpreise. Er züchtet nämlich Ochsen und will auch dem Pater Ökonom hier einen verkaufen, aber nicht unter siebenhundertfünfzig Mark. Dem Herrn Ökonom ist das natürlich zu viel Geld für den schäbigen Ochs. Aber mein Bauer, anstatt, daß er beichtet, wie er der Bäuerin versprochen, läßt nicht handeln und redet allerweil nur von den 750 Mark, unter denen er den Ochs, den Schecki, nicht hergibt. Ach, Pater Subprior, es ist ein rechtes Kreuz mit so einem geldgierigen Ochsenbauern! — Wie der schon die Viehhändler angeschmiert hat! Und immer mit seinen Ochsen! —«

Der Vale wußte gar nicht, daß er so ein gutes Mundwerk hatte und daß er reden konnte wie ein Hausierer. Endlich unterbrach ihn der Pater, nachdem er ihm erst aufmerksam zugehört hatte. »Jetzt verlieren wir keine Zeit! Der Bauer soll sofort kommen. Ich geh dann mit ihm in das Beichtzimmer für Schwerhörige, hinten in die Sakristei.«

Der treue Knecht Valentin rannte zur Kirchentüre hinaus und sah sich bereits im Besitz von achthundert Mark. »Bauer, der Pater Placidus möcht den Ochs unbedingt kaafa. I hab eahm schon zehn Mark aufi ghandelt. Siebenhundertvierzge taat er bereits zahln. Red mit eahm! Gwiß zahlt er den vollen Preis aa no! — Red mit eahm, er hockt im mittleren Beichtstuihl drin, auf der Weiberseitn. Es is der Beichtstuihl, wo drauf steht: Steiffer Vürsatz, und wo obn zwoa Engerl obaschaun!«
»Is schon guat, Vale! Unter siebnhundertfuchzge geht nix. — Paß du derweil aufn Schecki auf!« Der Viehböck ging gemessenen Schrittes in die herrliche und mit dreihundertfünfzig Engerl ausgeschmückte Stiftskirche hinein. In mehreren Betstühlen verrichteten Wallfahrer ihre Andacht. In der Seitenkapelle, die dem heiligen Florian geweiht war, wurde gerade von den Dürlingern eine heilige Messe gefeiert. Aber diese Kirche war so groß, daß dies gar nicht weiters auffiel. — Der Viehböck suchte und fand den Beichtstuhl des Subpriors, ging entschlossen hinein und begann seine Rede gleich mit dem Ochsenhandel. »Hochwürden, mein Knecht is grad

da gwen bei Eeahna. I genier mi ja a weng da herin. Wissen S' schon, im Beichtstuihl so Sachan schmatzn...«
Der Subprior verstand den Mann nur zu gut. Die zur Buße neigende Seele sträubte sich noch. So etwas kannte er, über solche Gefühle von sich bekehrenden Sündern hatte er schon oft gepredigt und geschrieben. Der Mann war gut aufgehoben bei ihm. »Kommen Sie, wir gehen in das Beichtzimmer für die Schwerhörigen!«
Placidus erhob sich und der Bauer Viehböck folgte ihm genant. Im Beichtzimmer nun, einem kleinen Raum mit einem Stuhl für den Pater und einer Kniebank davor für das Beichtkind, mußte sich der Viehböck auf den Schemel knien. »Na, Hochwürden, i wuil net beichtn. I mag it.«
»Mein Sohn, mein Sohn, scheuen Sie sich nicht niederzuknieen! Wer kniet, hat schon die halbe Sündenlast abgebüßt. So etwas schadet nie.« — Und weil ihm der erfahrene Pater Placidus dazu eine Prise Tabak anbot, nahm der Unterrossinger das merkwürdige Angebot wahr und zwängte sich auf den kleinen Betschemel für Schwerhörige.
»Also, mein Sohn, nun reden Sie einmal frisch von der Leber weg! — Übertreiben Sie nicht mit Ihrem Bekenntnis, aber verschweigen Sie auch nichts Wesentliches!«
»Mein, Hochwürden, was soll i denn verschweigen? Meine Ochsen sind im ganzen Bezirksamt als die allerbesten und allerfolgsamsten bekannt. Da brauch i gar nix verschweigen.«

»Mein Sohn, ich glaube gern an die Kunst Ihrer Ochsenabrichterei, aber davon wollen wir jetzt nicht reden. Nicht nur die Ochsen haben ihren Preis, auch die Seele fordert ihn. Und Ihre Seele ganz besonders!«

Der Viehböck dachte, wie leicht es so ein Pater beim Viehhandeln hat. Der redet einfach vom Seelenheil, wenn es ans Zahlen geht! »Nix da, Hochwürden, von mein Preis geh i um koan Fünferl net oba! Um koan Fünferl net. —«

Und darauf versuchte der Subprior es wieder mit einer kleinen Homilie über das gewinnbringende Ablenken der Seele von den irdischen Gedanken des schnöden Geldes! »Was ist schon das gute Geld, mein Sohn? Ein ausgestreutes Teufelsgift ist es! Ein zähes Heftpflaster, womit die arme Seele an die Vergänglichkeit dieser Erden geheftet ist!«

»Hochwürden, dös mag alls stimma, aber deszwengn möcht i für mein Schecki doch unbedingt meine siebnhundertfuchzig Markl! — Und um koan Pfening net weniger.«

Der Pater Beichtvater seufzte hörbar und stöhnte schließlich laut über diese hartnäckige und ganz und gar dem Irdischen verhaftete Seele. Dieses Stöhnen aber faßte der Viehböck als ein Zeichen der Reue des Gottesmannes auf, der an lumpigen zehn Mark hängenbleiben wollte!

»Hochwürden«, sagte schließlich der Viehböck, »net i häng am Geld, Sie reuts! Sie, der Kirchenmann, der

Klostermönch, Sie beten das liebe Geld an. Ihnen reuen lausige zehn Mark. Sie müssen Ihnen bekehren!«

Jetzt war man erst beim Hauptthema. Das apologetische Wissen des Pater Placidus war enorm. Er war ein glänzender Verteidiger der Kirche. Und die materiellen Vorstöße der Modernisten und Kirchenfeinde konnte er alle widerlegen.

Inzwischen zahlte der Pater Ökonom dem Knecht Valentin achthundert bare Mark auf den Tisch und ließ den Schecki in den Stall der Klostermeierei führen.

»Das ist einmal ein tüchtiges Knechtl«, meinte der beleibte Ökonom und freute sich an dem neuerworbenen prächtigen Ochs. Der Valentin aber machte sich aus dem Weg und marschierte auf die nahe österreichische Grenze zu. Er ließ seine alte Hose und seine zwei zerrissenen Hemden ruhigen Gewissens beim Viehböck in Unterrossing am Nagel des Gsottkastens im Pferdestall hängen und kaufte sich eine Fahrkarte nach Linz, wo er sich als Kaufmann niederließ. Aus den achthundert Mark Anfangskapital sind mittlerweile, nach fast vierzig Jahren, mehrere Millionen Schillinge geworden. Denn auch das unrechte Gut gedeiht manchmal auf dieser buckligen Welt. Hingegen aber verdorrt das Kapital jener Geschäftsleute häufig, die reinen Herzens Handel treiben.

Nach mehr als einer Stunde gingen der Pater Placidus und der Bauer Viehböck von Unterrossing unverrichteter Dinge auseinander. Der Viehböck fand freilich seinen Ochs nicht mehr vor der Stiftskirche geduldig warten. Und auch der Knecht Valentin war verschwunden. Es dauerte weitere acht Stunden, bis der Sachverhalt aufgeklärt werden konnte. Denn der Viehböck ging heim, in der Meinung, daß der Knecht den Ochs wieder gen Unterrossing getrieben hätte. — Die am anderen Tag vor der Gendarmerie in Wendling gemachte Anzeige führte zu keinen Ergebnissen. Man hörte kurz darauf nur noch von einem ähnlichen Gaunerstück im Kloster St. Pfunzen. Aber dabei blieb es dann, denn mittlerweile wucherte das unrechte Gut des Valentin so sehr, daß er mit legalen Bankkrediten arbeiten konnte.

Gegen Ende seines Lebens schrieb der schwerreiche Mann zweimal einen Scheck über achthundert Mark aus. Den einen schickte er dem Abt von St. Wendling, den andern aber dem Propst von St. Pfunzen.

Nichts Gewisses weiß eben der Mensch nicht, und eine einmal abgelegte Osterbeicht ist niemals ganz umsonst.

## Der Palmesel

Am Palmsonntag können viele Leut ihren Namenstag feiern, ganz gleich ob ihr Namensheiliger auf den Tag fällt oder nicht. Man braucht nur als letzter der Familie das Bett zu verlassen, schon ist man der Palmesel. Verspottet wird man dabei schon ein bisserl, aber eine Schand ist es nicht, denn der Palmesel darf auch den Palmbaum oder -buschen tragen, und das ist eine Ehr.
Wie der Pontius Pilatus ins Credo gekommen — unverdient und unverhofft —, so ist auch der Esel in der Heilsgeschichte zu großen Ehren aufgestiegen. Kein Rottaler Kutschpferd, kein Holledauer Schimmel ist dazu ausersehen worden, nur der dumme Esel. — Zu Weihnachten hat er schon an der Krippe stehen dürfen und am Palmsonntag, da durfte er gleich gar den Heiland auf seinem Rücken tragen, wie er feierlich in Jerusalem eingezogen ist, umjubelt von dem Hosiannageschrei der Kinder Israels, der Pueri Haebraeorum. — Nur keinen Neid aufkommen lassen, ihr stolzen bayerischen Bauernrösser! Des Esels Name ist ja doch ein Schimpf- und Spottname geblieben die Jahrhunderte über. — Und nur am heutigen Palmsonntag darf er ein bißchen mit agieren.
In Ober- und Niederbayern ist es früher der Brauch gewesen, daß bei der Palmprozession ein Palmesel mit-

geführt worden ist. Manchenorts ist das sogar ein lebender Esel gewesen. Der Brauch ist nicht in Bayern erfunden worden — wenngleich er sich bei uns am längsten gehalten hat —, sondern er ist schon in frühchristlicher Zeit bezeugt, in Jerusalem um das Jahr 400 und in Augsburg um 890. Damals ritt der Bischof auf dem Esel in seine Kathedrale ein. Aber wie es halt mit den Eseln so ist: auf einmal werdns bockig und setzkopfig, tun keinen Schritt mehr, ja benehmen sich sogar ungeziemend. O du störrisches »Roß Gottes«! Und das war der neue Spitzname für den ohnehin schon dummen Esel. — Die Folgen blieben nicht aus. Schon im hohen Mittelalter wurde der echte Esel durch einen geschnitzten ersetzt.

So ein Schnitzesel wird von den Ministranten auf einem Rädergestell herumgezogen. Auch der heilige Reiter, der Heiland auf dem hölzernen Eslein, ist nun eine holzgeschnitzte Figur. In der Säkularisation hat die aufgeklärte Geistlichkeit den Brauch ziemlich verboten. Man hat sich dabei auf Auswüchse berufen, wie z. B. in Landshut, wo der Mesner von St. Martin mit seinem schönen Palmeselein ein jedes Wirtshaus heimgesucht hat, begleitet von durstigen, übermütigen Ministranten. Daß sie dabei manchmal einen Mords-Fetzenrausch zusammengebracht haben, läßt sich denken. — Heut gibt es nur noch wenige Pfarreien, wo sie einen Palmesel haben. — So z. B. in Kösslarn im Rottal. 1913 wäre der Kösslarner Palmesel beinahe zum Absterben verurteilt worden. Einmal war das Fahrgestell kaputt, und zum anderen hatte sich der lateinische Text, den die Ministranten bei ihrem Umzug vor jedem Hause aufsagen, im Laufe der Generationen bis zur Unkenntlichkeit verändert, so daß dem damaligen Pfarrer nicht mehr viel an dem Brauch gelegen war. Statt »Pueri Haebraeorum, portantes ramos olivarum«, sagten sie z. B. »Orare priorum sanctus rampus doliver«. — Trotzdem aber hingen diese Ministranten so sehr an ihrem Palmeselumzug, daß sie den Pfarrer immer wieder bestürmten und ihm einfach keine Ruhe ließen. Ihre Ausdauer war schließlich erfolgreich. Der Palmesel wurde renoviert, das Fahrgestell erneuert und der Text der Palmsonntag-Antiphon gründlich neu einstudiert. Ja, der Pfarrer, der sehr musikalisch war, war nun selber begeistert bei der Sache und schrieb den Ministranten sogar eine eigene Choralmelodie auf ihren Palmsonntagvers. Lange zogen die Kösslarner Buben singend von Haus zu Haus. Heute ist diese Melodie wieder vergessen, und die Ministranten rasseln wieder den lateinischen Vers herunter, daß es eine Freude ist: Pueri Hebraeorum portantes ramos olivarum !—

# Pater Floridus und das Fastenopfer

Das ist ein Trost für uns alle, daß auch ein heiligmäßiger Mensch ein kleines Laster haben kann. Ich erinnere nur an den Heiligsprechungsprozeß des seligen Bischofs Wittmann von Regensburg, der seinerzeit nicht weiterkam, weil der advocatus diaboli, der Anwalt des Teufels, der bei so einem Prozeß mit Emsigkeit sich bemüht, Schwachheiten und Fehler des Kandidaten aufzutischen, weil der also herausgefunden hat, daß der gottselige Bischof Wittmann jeden Samstag eine Maß Bier getrunken habe, wofür die Italiener kein Verständnis hatten. Dabei mag es in Italien gewiß Heilige geben, die mehr als einen Liter Wein pro Woche genossen haben. — Ja mein, die Enthaltsamkeit ist halt auch eine relative Tugend. — Der Pater Floridus, ein fröhlicher Kapuziner an einem altbayerischen Wallfahrtsort, und ein gesuchter und milder Beichtvater dazu, hatte auch einen schwachen Punkt, obwohl er sonst wirklich ein kleiner Heiliger war. Als gebürtiger Waitler schätzte er keinen irdischen Genuß höher als den Schnupftabak. Im Schnupfen hatte er dabei eine solche Übung und Behendigkeit entwickelt, daß die Handhabung der Tabatiere, die er im linken Ärmel seiner Kutte mit der rechten stets griffbereit hielt, und die Kunst des Prisenehmens mit zwei Fingern bei ihm

zu einer sauberen und vollkommenen Geste wurde. Kaum hatte er geschnupft, waren seine Hände schon wieder in den Ärmeln seiner Kutte verschwunden und er hatte wieder die liebenswürdige, mönchisch demütige Haltung. — Ich hab bei ihm einmal ministriert. Er hat sogar während der hl. Messe manchmal geschnupft. Ein bißchen nur und sehr geschwind. Und er hat sich darob sicher auch einen Vorwurf gemacht. — Bei der Landbevölkerung war er überaus beliebt, besonders als Beichtvater haben ihn die alten Bauern gepriesen. Sein Beichtstuhl stand ganz hinten, gleich neben der Eingangstür. Und wenn man seinen Beichtstuhl betrat und anfing »Meine letzte Beichte war usw.« — da öffnete er das vergitterte Sündenfensterl, streckte einem die Schnupftabaksdose entgegen und sagte: »Da nehmas a Pris! — Schnupf mar amal, nachand pack ma's!« —
In der Fastenzeit will der Mensch ein Opfer bringen. Man muß sich ja nicht gleich ganz abtöten, aber ein kleines Opfer ist ja auch schon für den Leib eine Wohltat. Und noch dazu wenn man ein Kapuziner ist. Unser Pater Floridus hat sich vorgenommen, daß er von Aschermittwoch bis zum Karsamstag abends nach der Auferstehung keine einzige Prise schnupfen will. Er hat seine Tabatiere in den Schrank gesperrt und den Schlüssel dazu versteckt. Die ersten Tage kam es ihn hart an, aber er war noch fröhlich, denn wer da fastet heißt es, der soll ein besonders fröhliches Gesicht zeigen. Die zweite Woche begann er schon ein wenig ern-

ster zu werden, die dritte war er manchmal schon so grantig, daß er sich sagte: »P. Floridus, vielleicht ist es dem lieben Gott lieber, du schnupfst einmal, als daß du eine so mißmutige Stimmung verbreitest!« Aber er widerstand noch. In den kommenden Tagen ist es dann passiert. Er nahm den Schlüssel, sperrte den Schrank auf und nahm eine Prise, eine kleine nur, aber schwach geworden ist halt schwach geworden. — Daß so etwas nicht noch einmal vorkommt, ist er in dem folgenden Jahr auf die Idee gekommen, die Tabatiere nicht mehr in seinem Schrank aufzubewahren, sondern dieselbe im Klostergarten zu vergraben. So hielt er es nun alle Jahre seines Lebens. Am Aschermittwoch in der Früh begrub er mit seiner Schnupftabaksdose jedes Jahr also seinen alten Menschen, und am Karsamstag nach der feierlichen Auferstehung des Herrn, schaufelte er sie frohlockend in österlicher Freude wieder aus. Im Lauf der Jahre haben das seine Mitbrüder natürlich erfahren. Sie haben gelächelt und an dem Tun des Pater Floridus ihre Freude gehabt. Schon im dritten Jahre seiner felsenfesten Abstinenz haben sie ihn in einer lustigen Prozession in den Klostergarten hinaus mit geschultertem Spaten begleitet, haben am Aschermittwoch alle miteinander noch eine Prise genommen und den Schmai dann begraben. Aber am Karsamstag, nach der Auferstehung, bei hereinfallender Osternacht, da haben sie eine fröhliche Resurrektions-Prise genommen und sie waren lustig. — So wurde aus der Prise Schnupftabak ein risus paschalis, ein Ostergelächter. — Machen Sie's nach mit den Zigaretten! — Es is grad ums Vornehmen zu tun. Bittschön, da, nehmas a Pris, nachand pack ma's!

## Ostergelächter

Haec dies quam fecit Dominus — Alleluija — Alleluija! Dös is a Tag! Den hat der Herrgott gmacht! Luija, sag i, heit werd glacht! Die Osterfeiertage — der hochheilige Ostersonntag und der noch lustigere Ostermontag, dös san Tag, die a ganz Jahr in d'Höh hebn. Is grad gleich wia's Wetter is, der Auswärts is da. Auf gehts wieder! 's Leben fangt von vorn an! — Die traurige Fastenzeit is vorbei, die Leiden und Martern des Herrn san überstanden, er is auferstanden, in der Nacht bereits, und am Ostermontag ist er gleich gar schon den Jüngern von Emmaus erschienen. Haec dies quam fecit Dominus Alleluija — Jatz derfan die Burschn aa wieder zum Fensterln gehn. —
Verschwunden sind die Fastentücher, die Kirchen erstrahlen in neuem Glanz, die Orgel darf wieder spielen, die Glocken dürfen wieder läuten: »Der Stein ist weg, das Grab ist leer, der Tod hat keinen Stachel mehr, der Heiland ist erstanden!«
Ostern kommt von der uraltheidnischen Göttin Usra, Austro, lateinisch Aurora, der Morgengöttin, der Göttin der Morgenröte. — Morgenstund hat Gold im Mund — auf Ostern wird ein jeder gsund! — Man sagt auch von einem, der ostwärts marschiert: Er geht gen Morgen. Darum ist Ostern und Osten fast das nämliche

Wort. Wer z. B. donauabwärts fährt und gen Osten zieht, an Deggendorf und Niederaltaich vorbei, der kommt zum alten bayerischen Herzogshof im Osten, nach Osterhofen.

Das Osterfest ist ein altes Frühlingsfest. Im Kirchenlatein heißt es auch Paschafest und kommt aus dem Hebräischen. Die Juden haben an diesem Festtag das Osterlamm gegessen zur Erinnerung an den Auszug aus Ägypten, wo sie selbigesmal mit dem Pharao solche Scherereien gehabt haben.

Dös woaß man alls und is oan von jungauf bekannt. Bei üns legt der Ousterhas die gfarbtn Ousteroar und 's Ousterlampe aus Biskuittoag bringt der Göd dem Gödl und die Godn dem Godl, wenns net vergessen werd. Bei üns sans wieder anderscht, die Bräuch, wia woanderscht. Man hat überall seine Observanzn.

Oans aber muaß überall stimma. Z'Oustern is man guat aufglegt, da is man lustig gstimmt. Gwiß aar a weng feierlich, aber halt dengascht mehrer lustig und heiter. Ganz anderst wia z'Weihnachtn, anderst aa wia z'Pfingstn. — Dös san eh die drei heilign Zeitn. Pfingstn hat ebbas Geistigs, Weihnachten ebbas Liabs — Oustern aber muaß sein voller Freid! Da derf koaner sein Trentschn hänga lassn. Was waar denn net dös?!

Leit, seids guat aufglegt heit und habts net amal vom Sterbn an Angst heit! Weil: An Himmi drobn kemma allsamt wieder zünftig zsamm — wenn a Glück dabei is! —

Da hat amal, am Oustersamstag, gnedder a Stund vor der Auferstehung, an Bauern 's Roß derschlagn. Dös Unglück, der Jammer, dös Elend! Dös laßt se denka. — Vo lautern Woana und Trenzn wollt die Bäurin net in d'Kircha gehn zu der Auferstehung. Dös hat aber der Koprata net angehn lassn, der wo an Bauern die Letzt' Ölung bracht hat. »Mitgehn S'!« hat er gsagt, »die Auferstehungsfeierlichkeit ist gerade das Wichtigste jetzt für Sie. Es gibt auf der ganzen Welt keinen anderen Trost!« Und so weiter, wia halt a Koparater, a junger noch, redt.

Also, ist's Annamirl trenzet mitganga. Der Pfarrer hat glei' der Gemeinde dös Unglück verkündt, hat für den verstorbenen Bauern an Vaterunser bet' und nachand, unterdös daß d'Leit no nachibet' habn, hat eahm der Mesner an Rauchmantel umglegt, is hintern Altar hintere und hat den Auferstandenen mitm Siegesfahndl a d'Altar-Obern aufi gstellt. Und glei' drauf hat der Pfarrer dreimal gsunga — und a jedsmal mit einer höhern Stimm — »Der Heiland ist ersta-anden!«

Und da drauf hat nachand der Chor sein uralts Ousterliad gsunga: rhythmisch, melodisch und voller Schwung, mit Trompetn und mit der vollen Urgl, daß grad die Fetzn gflogn san:

»Der Heiland ist erstanden, der Heiland ist erstaanden! Befreit von Todesbanden, befreit von Todesbaaanden!« Und dann kam das feine Damensolo: »Der Tod hat keinen Stachel mehr! Der Stein ist weg, das Grab ist leer!« Und nochmal der volle Chor: »Der Stein ist weg! Das Grab ist leer!« — Und da drauf folgte jetzt noch, wie eine Jodlerfuge, das »Allelu — juhuhuhuija — Alle luija!« Da hats Annamirl für a kurze Zeit 'sTrenzn aufghört und hat eahm denkt: » O mein, singts no! Mi konn nix mehr tröstn — grad no die Auferstehung — und die erst am Jüngsten Tag!« —

Am Ostermontag, da gehn die Bauern und Bürger gern auf Emmaus. A liaber, a schöner, a guater Brauch dös Emmausgehn! Und es is allweil schon a Mords-Hetz gwen. — »Emmausgehn«, mein liaber Freind und Kupferstecher, ist nicht zu verwechsln mit dem »Nebnnausgehn«! Emmausgehn kimmt vom heutigen Evangeli her, wo's hoaßt »... Herr, bleib bei uns, denn es will Abend werden und der Tag hat sich schon geneigt!« — Da ist er bliebn — bei die zween, beim Wirt in Emmaus. Und sie habn gessn und trunka! — Und weil die Wirt allerweil schon bsondere Schlaumeier gwen san, habn sie frührerszeiten die Stell zu eahnane Gunstn auslegn lassn und habn den Spruch gern über die Wirtshaustür maln lassn, bsonders in Bayern. I kenn no etliche Wirtshäuser, wo in einer kleinen Lüftlmalerei Jesus mit den zwei Emmausjüngern abbuidelt is und drüber steht, brav und unschuldig: »Herr bleib bei uns, denn es will Abend werden und der Tag hat sich geneigt!« Fehlt nur noch der Zuasatz: Doppelzimmer mit Bad und Vollpension fünfzig DM pro Person plus Mehrwertsteuer!

Aber no! Solln s' den Spruch habn, ünsere Gastronomen. Z'Weihnachten sans schlecht gnuag wegkemma bei der Herbergsuche mit eahnane grantign Hausknecht. — Und z'Pfingstn bleibt eahna fredi der Schnabel sauber. — Der heitige Emmaustag ghört einer lustigen Wanderung und der Einkehr in einem abgelegenen, idyllischen Bauernwirtshaus. Nachand is erst a richtiges Emmausgehn! —
Natürli werds da a diam spat und später und nachand werds lusti' und lustiger. — Da derfs a Räusch gebn, dös habn schon die ältesten bayerischen Barockprediger erlaubt. Und sie habn in eahnane Osterpredigtn lustige Gschichtln verzählt, bsonders am Ostermontag: Ein Ostermärl! — So eine Osterpredigt hat recht kurz sein können und hat sich fast nur aus dem Ostermärl zusammengesetzt: Etwa diese da, von einem Münchner Pater um 1750 gehalten:
»Euer Lieb und Andacht! Ihr wißt es ja eh. Gestern is der Herr auferstanden und heunt nacher Emmaus gegangen. Alleluija! Das Nämlich tuts Ihr auch. Und jetzt wollts ein Ostermärl hören. Da ist's, ich erzähl euch eins: Es gingen einsmalen, eben am heutigen Fest, verschiedene Bauren nachmittags, wie dann viel anheut, wann das Wetter sich günstig zeiget, vermeinen, sie müssen spazieren, das ist, wie sie sagen, nacher Emmaus gehen, einer bekannten Wallfahrt zu, kehreten aber, nachdem sie ihre Andacht verrichtet, in dem Wirtshaus ein, um einen frischen Trunk zu schöpfen und so-

dann mit besseren Kräften den Rückweg nach Haus zu nehmen. Da sie also bei dem Tisch saßen, fangte einer an: O, unser Herr Dechant hat heut wohl ein holdseliges Ostermärlein erzählet. — Mein, was für eines, fragte der nächste. — Er erzählte, Gott Jupiter habe aus lauter Schelmerei ein Gastmahl angestellet, die Götter und Göttinnen durch den Boten der Götter, Mercurium, einladen lassen zu einem Osterfladen, in der Stille aber ihme befohlen, er sollte bei denen Göttinnen Meldung tun, Jupiter habe entschlossen, seine Frau, die Göttin Juno, abzudanken und eine andere aus denen Göttinnen zu nehmen, die tapfer schwätzen könne, Juno seie ihm gar zu hochtrabend und gebe wenig gute Wort aus. Da seie Mercurius herumgeflogen zur Venus, Pallas, Flora, Pomona, Ceres, Diana, Pales, Thetys und habe sein Sach vortrefflich angebracht. Eine jede wollte anstatt der Juno die vornehmste Göttin werden. Sie stellten sich alle ein, und brachten Geschenke mit für den zukünftigen Gemahl. Flora brachte die schönsten Blumen von der Welt, Pomona Früchte, Ceres Brot, Thetys Fisch, Diana Wildpret; Bacchus aber führte ganze Fässer Wein mit sich: welsche, französische, spanische, ungarische. Die Tafel fangte an, da sagte Jupiter, er wollte für ein Tischgespräch eine Frag setzen was vor eine Ehefrau, als die beste, zu erwählen seie. Da ginge es denen Göttinnen in das Herz: Pallas gab den Vorzug einer Gelehrten, Ceres einer Arbeitsamen, Venus wollte kurzum eine Schöne vorziehen.

Ceres hingegen wendete ein, was nutzet die Schönheit eines Weibes, wann sie zu Haus nichts tun will, als etwan nur schwätzen, plaudern und feiern. Vornehme Frauen, widersetzte Venus, sollten nichts tun, sie haben ihre Mägd darum; Bauerntrampel, wie du, Ceres eine bist, dem Acker und Feld angewohnt, mögen arbeiten. — Wie, ich ein Bauerntrampel? Du Strohjungfer, du verschreite! — Da wurden dann die Götter auch ganz unwirsch, insonders, weilen sie anstatt des Schwätzens sich auf das Saufen geleget. Mars wollte schon den Degen zucken und Fried machen. Das beste war, daß Mercurius mit denen gewohnlichen Zeitungsblättlein angekommen und Martem abgefordert, es seie großes Kriegsfeuer auf Erden entstanden, worauf die Tafel abgebrochen worden.

Jupiter aber bekennet, er wolle bei der Juno verbleiben als welche sich noch sehr still gehalten. Nichts seie besseres als ein Weib so schweigen kann, deren finde man aber wenig. — Ja, brummelte noch Venus zuletzt nach, wann die Weiber geschwätzig seind, so seind die Männer versoffen. Was ist besser? Wann einer alle Tag nacher Emmaus gehet? Denkts nach, ihr Weiber! Was ist besser?«

Er war halt auch ein Mannsbild, dersöl Pater! Aber a lustigs. Und dös is d'Hauptsach für 's Ostermärl.

Was wäre Ostern ohne das Osterei? — Das ganze Fest hätte kein tiefes, dunkles und dennoch auch wieder

allgemein verständliches Symbol. Das Osterei ist obendrein kein heidnisch-germanisches Zeichen, sondern ein altchristliches. In der ganzen Christenheit hat man schon vor eineinhalbtausend Jahren die Ostereier geweiht. Die »benedictio ovorum« gibt den Eiern erst die richtige Kraft. Wer a gweichts Oar ißt, dem geht dös ganze Jahr über die Kraft net aus. Der dertragt alls.
Und dös is aar an alter Ousterbrauch, daß die Burschen in den Osternächten am Kammerfenster Oar kriagt habn. Hergebn hat a jeds Madl an Oar, aa oane, die oan net mögn hat. Die hat halt nachand koan routs, sondern grad a blaus, a gelbs oder a grüns spendiert.
Ist eine eine besonders aufgeweckte Dingin gewesen, hat sie einem frechen Burschen gleich gar a gstinkets Oar gschenkt.
Aber der Gerechte, der Herzpeterl, der hat natürlich ein schönes, ein rotes gekriegt. Die Freid!
Diam a schneidiger Loder hat in der Ousterwoch' glei' ganze Körberl voll route Ousteroar zsamma bracht. Da hat dann sein Muatter gschaut! Und der Vater hat glacht und hat an seine schöne Jugendzeit denkt, die wo so schnell vergeht. —
Es habn aber aa die Dirndl angebn und habn gsagt: »I kunnt heuer gar net gnuag Ousteroar habn! An Karsamsta' bei der Nacht hab i schon siebne braucht, in der Oustersunntagnacht sechzehne und erst in der Oustermontagnacht, da sans mir direkt ausganga. Da hab i's von der Altdirn z'leiha nehma müassn.« — Es

hat nämlich eine jede ledige Weibsperson von der Bäuerin so und so viele Eier gekriegt, meistens ein Dutzend, an manchen Plätzen auch darüber.

Und sogar die Eltern haben Sprüch gmacht und habn gsagt: »Mein Gott und Herr, um mein Tochter is heuer angangen! Die hat siebnadreißg Ousteroar ausgebn am Kammerfenster!«

Die Oarabtrager aber, die Burschn, habn sichs schmekken lassen ihre österliche Liebesware. Und Oar machan a Kraft! Da gfreit oan die schöne Frühjahrszeit glei' no mehrer mit der Kraft.

Wer mit seinen Ostereiern nicht ausreicht, der kann ihm noch etliche dazugewinnen. Da muß er nur zum Oarpecka gehn, zum Eierpecken. Oarpecka is a raffinierts Gspuil und dazu braucht einer eine Geschicklichkeit und ein echtes Fingerspitzengefühl. Beim Oarpeckn können natürlich auch die eigenen Eier weniger werden. Je nachdem, wer die besseren Hennen daheim hat. Weil: Die Festigkeit der Eierschale ist das Entscheidende, die Härtn von der Oarschel.

Peckst du mit deinem Ei auf ein gegnerisches Ei und durch deinen Peckerer kriegt dös Oar von deinm Gegner a kloanwinzigs Sprüngerl grad, schon ghörts dein. — Und der Gegner, der jetzt dein Ei pecken darf, muß ein frisches hernehmen dazu. Er kann natürlich jetzt dein Ei gewinnen. Es kann freilich der Pecker beim Pecken sein Ei wieder verlieren. Auch du selber hättest beim ersten Pecken dein Ei schon einbüßen können.

Kurzum, einer muß nach jedem Pecken ein neues Ei aus seinem Körberl herausnehmen. Oder gar aus seinem Hosensack, was eine ungemeine Vorsicht beim Gehen und Stehen notwendig macht. Bei einem Spielgang darf nur immer einmal gepeckt werden. Bleiben dabei die Eier ganz, darf der Kontrahent pecken, muß aber nicht, sondern man kann sich einen anderen Gegner suchen, wenn sich der vorige Partner noch besinnen möchte.
Der Sieger beim Oarpecka ist allerweil verdächtig. — Was hoaßt da Sieger? Wenn einer drei, vier Eier gewonnen hat bei einem Oarpeckerts — die heutigen Hippies täten sagen »Oarpecking«, wie sie auch sagen meeting und sitting, anstatt a Trefferts, a Sitzerts, a Schiaßerts oder a Liaberts — also wer bei einem Oarpeckerts vier, fünf Oar gwuna hat, is no unverdächtig und ein bloßer Glücksmensch. Wer aber gleich ein ganzes Körberl voll Ostereier heimtragen kann, der hat sich schwer verdächtig gemacht, daß er wahrscheinlich mit einem Bullei gepeckt hat, mit einem Gipsei. Sowas wenn aufkommt, dann gibt es eine Eierschlacht. Mein Liaber, nachand staabts! Da werdn die Oar beim Hoamgehn nachand alle radibutz zsamma peckt.
Was mag dös woihl bedeitn, dös Oarpecka? — Es is a Probespiel, a Probier, a Prüfung. Der Brave peckt hin. Und sein Oar halt an Peckerer aus. Ja, gwiß werds a so sein. — Is as Lebn net vuil anderst: A braver, a fester, a geduildiger, a frummer Mann halts aus und vertragt so manchen Peckerer.

Es is ja grad, daß d'Zeit vergeht! — An oanzigs Oarpeckerts is' 's Lebn. — Ein Ei und das Glück bleiben selten ganz in einem Stück.

Noch schöner als das Eierpecken ist das Eierscheiben, das »Oarscheibn«. Dazu braucht man zwei Rechen, die man auf einen leicht abschüssigen Wiesenhang dicht nebeneinander legt, daß die Rechenkämme ineinander gerückt sind und die beiden Stiele eine ideale Rutschbahn für die Eier hergeben. Diese Oarscheibn darf ja nicht zu steil sein, denn die Eier sollen wenigstens über den Rechen wohlbehalten herunter rollen können. — Also, über die beiden Rechenstiele scheibt man ein Ei herunter. — Vorsichtig kugelt es am Ende der Rechen in die Wiese, wo es in einer Mulde zum Stehen kommt. Da rollt auch schon das nächste Ei die Rechenrutsch herunter und kugelt in die Wiese hinein — und — prallt womöglich sanft auf eines der dort bereits liegenden Eier der Vorscheiber. Jetzt werden alle die Eier, die das eben herabgerollte Ei berührt hat, von den Mitspielern untersucht. Bei diesem Untersuchen sollen die Eier möglichst nicht verrückt werden. Hat eines der berührten Eier einen Sprung, ist es gewonnen, ist es »derschieben« worden. Und ein so gewonnenes Ei darf sofort in das eigene Körbchen gesteckt werden. Hat bei dem Zusammenstoß allerdings das eigene Ei einen Peckerer bekommen, gehört es dem Besitzer des berührten Eies. Sind beide Eier draufgegangen, was oft vorkommen kann, behält jeder sein eigenes Glump.

Der Zufall des Glücks spielt beim Oarscheibn eine größere Rolle als beim Oarpecka. Ja, wann unserne Henner no lauter Oar legerten mit dicke Schel wia Bulloar! — Die Kinder helfen den Hennen die Tage vor Ostern und mischen allerlei oarschelhärtende Sachen unters Hühnerfutter: Kalk und Gips, besonders lange Regenwürmer, getrocknete Eierschalen, ein paar überwinterte Stubenfliegen und etwas vom Mist des Sprungstieres. Aber man weiß nicht, was wirklich hilft. Je milder der März, desto weicher das Herz, je größer der Moar, desto härter die Oar.

Christus ipse enim verus est Agnus, qui tollit peccata mundi... Christus selbst ist in Wahrheit das Lamm, das hinwegnimmt die Sünden der Welt, heißt's in der Osterpräfation.
Dagegen kommt der heidnische Osterhase nicht auf. Was is aa der schönste Has gegen ein zartes unschuildiges Lamperl? Gegen ein Ousterlamperl aus Biskuit, vom Bäcker oder gar vom Konditor gebacken und mit Puderzucker fein überstreut? Das stolze Siegesfähnchen der Erlösung im Buckel drin wiar a Messer. — Na, na, gegar a so a Ousterlamperl steht nix auf. Und so a Ousterlamperl kimmt auch im Körberl für die Speiseweih obn auf.
Solang i a Kind gwen bi, hab i von meinm Firmgöd, was sogar selber a Bäckermoaster gwen is, allweil a Ousterlamperl kriagt und koan fabrikan Schokladhasn,

der schon vor Weihnachtn gegossen is wordn und seit dem Sonntag Reminiscere im Schaufenster hat stehn müassn. — Aber a so is auf der Welt! Die neimodischn Ousterhaserln verdrängen die unschuildign Osterlamperl. — Die Unschuild is halt nix mehr wert, heitzutag! —Koan Fünferl nimmer. Und drum guilt aa 's Symbol nix mehr. —
Dran schuild san da gwiß ne alloan ünserne Konditor und Bäck, weils Gott sei Dank no vuil gibt in die kleanern Dörfer und Marktflecken, die wo no Ousterlamperlmodeln habn und an Ousterlampertoag anrichtn könnan. Aber wia lang no? —

Bist frisch gschert mitm Kampe
Bist a klaons Ousterlampe!
Magst no net abgstocha werdn,
Magst liaber auf d'Wiesn triebn werdn,
's Fressn lerna und 's Wiederkain
Und aa 's Umananderspringa tuat di gfrein!
Wia lang no, bald kimmst in d'Woill
Und werst nomal gschert — hint im Stoil.
Und nachand bist an alts Schaf.
Jatz leg di nieder und schlaf!
Der Schäferbua hat di frisch gschert — mitm Kampe
Heit bist no a klaons Ousterlampe!

Zu der Oustergaudi — oder wia die alten Prediger gsagt habn: zum Ostergelächter — zum risus paschalis — denn

aus der Freude über den Auferstandenen wird erst ein Lachen, ein feierliches, dann ein immer größeres Gelächter, das den ganzen Menschen erfaßt, eben das Ostergelächter — zu diesem risus paschalis — kommt ja noch die allgemeine Frühlingsfreud. Und die hoazt die grouße Gaudi erst an! — Da is dös Oarabholn an die Kammerfenster von die Menscher no gar nix dagegn. Früher is nämlich die Nacht vom Karsamstag auf den Oustersonntag — also jetzt von den neimodischen Kaplänen und Liturgen recht fad die hochheilige Osternacht genannt — dabei habns nimmer amal den rechtn Glaubn und schreibn alln möglichn Mist zsamm über die Auferstehung — also früher is bei üns in Bayern die Ousternacht a »Freinacht« gwen. Und der Herr is bereits — wie es sich ghört hat in Bayern — am Karsamstag nachmittag auferstanden. In einer solchen Freinacht is wuild aufganga. Da is man recht übermüatig gwen und derlaabt is bereits alls gwen, aa dös.
Waar ja aa neamd zum verdenka gwen! — Die ganze Fastenzeit über hat man net fensterln derfn. Da hats ghoaßn: wann a Madl in der Fastenzeit an Bursch am Kammerfenster ongibt, nachand trifft dös Jahr dös Haus an Unglück. Meistens hats ghoaßn schlagt der Blitz ein. Und er hat aa diam Platz ghörig eingschlagn — trotz der Fastenzeit! — Also koan Wunder, daß man die Freinacht ausgnützt hat.
Aber ehvor daß finster wordn is am Karsamstag, ehvor hat der Bauer mit seine Knecht no Bärntriebn. Dös is

an Art Fuaßballspiel gwen mit grouße Stangen und an Holzbrocka. Der Bär hat vom Bärntreiber in d'Suppn einitriebn werdn müaßn! Bondi der Bär is in der Schüssl! Und nachand is dös Gpuil weiter ganga, es san die Stecka zsammgwarfa wordn und der weitist hat an Bärntreiber macha müassn. — Da san diam d'Fenster draufganga, as so is triebn wordn! — Aber Verletzte hats kaam gebn. Bei aller Kraft und bei all dem Übermuat — Fuaßballer san die Bärntreiber koan gwen. — »Bonde der Bär, wo er liegt oder steht is er bondt!« — Man muaß sich die Mannsbuilder vorstelln, wia's im Hof drinna spuiln, weils der Brauch is, weils a Freid habn, weils Oustern is! — — Und nachand also drauf no die Freinacht! —

I sag ja: Es konn nix Schöneres gebn als wiar a boarischs Lebn, als wiar an Zwiebeturm, der hat an Furm! — Und ünser Kirchaturm, der übersteht den Sturm — So wia der gmauert is — halt der ganz gwiß! —

»Wie lang hab ich auf dich gewart, du schöne Frühlingswiesn«, singt der alte bayerische Anakreontiker Augustin Grieninger, ein Augustinerchorherr aus Rottenbuch — »Die Flüß, die Bäch, die Wässerlein, den Harnisch hinweglegen. — Was gflossen trüb, jetzt rinnet rein, der Winter ist erlegen!«

Das war vielleicht ein Wergeln und Treiben noch die ganze Karwoche über, drinnen der Hausputz und draußen auf den Feldern das Zubauen! Hügelauf, hügelab

im ganzen Ober- und Niederbayern bis hinauf in die Oberpfalz und nach Franken rattern in der Karwoche oft die Traktoren über die gerade trockenen Äcker, daß' schon hier und da g'staubt hat, wenn Ostern später gefallen ist. Mein Liaber, das hat schon auch seine Form! Das klingt fast so lustig wie früher das Peitschenknallen und Pferdewiehern. Die Eggen und Sternwalzen werden manchmal sogar im Schnellgang gefahren. Nur die Sämaschine mit ihren zwei Dutzend Pfeifen glänzt metallen in der warmen Frühlingssonne. Ein Symbol tausendfältiger Fruchtbarkeit. Jetzt kann sie herwachsen, die beste bayerische Braugerste! Das wird ein Bier! Der Bauer ist ein braver Mann, der fangt alle Jahr wieder das Zuabaun an, und er wird nicht frühjahrsmüde, wenn er auf'm Traktor sitzt und die Arbeit des Frühlings verrichtet, das Säen. Die Natur geht ihren Gang.
Und wieder kimm i zum Kammerfenster. Weil: d'Liab und der Auswärts, die zwoa ghörn halt zsamm. Alls werd wachset, alls werd gehert, alls möcht auf d'Welt kemma. Überalln gspürt man die Hoffnung. Luija, sag i! Und wennst net auf der Stell aufmachst, dein Fensterl, nachand laß halt zua, dumme Kuah!
Und der Bursch geht einen Hof weiter. — Da hat auch einmal ein Pfarrer gegen das Kammerfensterln gepredigt. Und das ganz scharf. Die Folgen der sündhaften Liebe hat er in den schlimmsten Farben geschildert. Den Mädchen sowohl wie den Burschen. — Aber er hat die

Zahl der vorzeitigen Taufen nicht herunterdrücken können in der Pfarrei. Dabei war er ein gottesfürchtiger Mann. Kam einmal der Bischof auf Visitation zu ihm und studierte das Taufbuch. »Mein lieber Mitbruder, das gefällt mir fein gar nicht in Ihrer Pfarrei! Soviele vorzeitige Taufen! Hm, hm, hm!« — Beim wunden Punkt ertappt, stammelte der brave Bauernpfarrer verlegen und demütig: »Entschuldigen'S Exzellenz, aber dös is erst seitdem i da Pfarrer bin a so!«

Und im Beichtstuhl hat er jedn jungen Burschen selber gehörig die Leviten gelesen! — Zum Hias sagt er amal: »So, mein lieber Hiasl, jetzt wär deine Seele wieder sauber. Hast alles brav gebeichtet und wie steht es jetzt mit dem Vorsatz, hm? Hast du dir wegen deiner Lieblingssünde nichts Ernsthaftes vorgenommen? —« »Woihl, woihl, Herr Pfarrer«, sagt der Hias darauf, »Woihl, woihl, bis auf Oustern halt i's no aus. Aber nachand bring i's schon wieder einer. I hab schon a paar Kammerfenster im Aug'...«

   San im Mirz die Nächt aa no kalt
   Der Liab is nix z'bald!

Bei uns im katholischen Bayern ist noch einiges vorhanden von der alten barocken Bauernfrömmigkeit, das einen Sinn hat und ein Leben, mehr vielleicht als Sie meinen. Besonders von den Osterbräuchen noch. Trotzdem die jungen und gescheiten Pfarrer dagegen sind und waren und kein frommes Herz mehr zeigen dürfen,

sondern bloß noch den ökumenischen Verstand. Mag jetzt ein junger Kaplan über das sogenannte Brauchtums-Christentum schimpfen so viel er mag, in so einem uralten christkatholischen Brauch steckt mehr Frömmigkeit drin wie in zehn neumodischen Konzelebrationen und Versammlungen etc. Am hochheiligen Ostermontag z. B., gleich nach dem Mittagessen, um halb Zwölf Uhr bis Zwölf Uhr, geht's zum »Felderumgang«, zur Weihe und Segnung der Felder. Der Bauer tut das mit seiner Familie selber. Im Hinausgehen über den Hof durch die Obstbäume wird der Glaube an Gott angestimmt. Der Bauer geht voraus, die Ehehalten hinterdrein. Es wird um den Korn- und Weizenacker herumgegangen und laut wird dazu der Rosenkranz gebetet. Gegrüßet seist du Maria ... der von den Toten auferstanden ist! Die Bäuerin spritzt den Weihbrunn, das mehrfach geweihte Osterwasser. Die Dirn tragt das Körbl mit den Eierschalen von den geweihten Eiern. Eins tragt den Segenbaum, in den das geweihte Osterfeuer eingebrannt ist, daß der Segen ja nimmer heraus kann. Und von den Kindern hat ein jedes ein Palmmanschi in der Hand. Dös hat alles seinen Sinn und seinen Zweck. Rund um den Acker wird gegangen und in jeder Eck' wird aufgesteckt, hingestreut und hingespritzt. A so ist es seit Jahrhunderten der Brauch. Und die Jahrhunderte zählen mit, bei so einem Brauch.
Vier-, fünf-, sechs-, siebenhundert Jahre lang, jeden Ostermontag, das is schon ein Nummerer! Von jedem

Haus kommens heraus und gehen durch die Obstbäume über die Wiesen den Äckern zu. In jeder Pfarrei, so weit man nur schauen kann, um zwölf Uhr zu Mittag, bergauf und bergab, überall sieht man sie gehen, die gleichen Bauernprozessionen und überall beten sie das gleiche.
Der von den Toten auferstanden ist. — Und: Daß du die Früchte der Erde geben und erhalten wollest! Heilige Maria Mutter Gottes... der Segen Gottes senkt sich schier sichtbar hernieder auf alle Fluren. In Ober- und Niederbayern, in Franken und Schwaben und in der Oberpfalz, aufs ganze Vaterland.
»Du bist gebenedeit unter den Weibern!« Der Wind verweht und vermischt die Stimmen. Die Taufkirchner und Zeilarner, die Schildturner und die Gerlinger, die Wurmannsquicker und die Tannerbauern, alle beten sie um ihr Korn, um ihre Gerste, um ihren Weizen.

> Das Erdenreich ist worden weich,
> Die Saat der Frühling nimmet,
> Das Wiesengrün, so g'wesen bleich
> Die Fröhlichkeit anstimmet.

Es hätte sich unser Herr für die Auferstehung keine schönere Zeit aussuchen können. Die Liturgie der Osternacht fängt mit der Weihe des Feuers an, denn alles Leben geht vom Licht aus. Von der Kraft dieses Lichtes, vom Lumen Christi, was die alten Bauernpfarrer früher, wenn sie in die finstere Kirch' eingezogen sind, schön gesungen haben und dabei zugleich die Ministranten noch haben schimpfen können: »Lumen Christi — nieder knien! Lausbub'n zünd's die Kerzen an! — Lumen Christi« usw.

Da hat man sich zusammennehmen müssen, damit man nicht gelacht hat, trotz der Feierlichkeit. Früher, das heißt vor gut 20 Jahren noch, ist die Auferstehungsfeier immer am Karsamstag gewesen. Das war der schönste Feierabend des ganzen Jahres. Unsere Leut' haben der Karsamstag-Auferstehung lange nachgetrauert, und ein alter Bauer hat damals bei der Umstellung gesagt: »I woaß net, was sie allerweil haben mit dene neumodischen Bräuch' in der Kirch'? Zu Jerusalem oder zu Italien, da mag er in der Nacht aufgstanden sein, aber in Altbayern wann er glebt hätt', unser Herr, nachand waar er bestimmt am Samstag nachmittag auferstanden. Gleich nach dem Feierabendläuten, wie es jahrhundertelang bei uns der Brauch gewesen ist.« Dös is ein Tag, den hat der Herrgott gemacht: Haec dies, quam fecit Dominus, Alleluija! —

Es san beim Emmausgehn natürli' aa diam Sachan passiert, die besser net geschehgn waarn. Zwoa reiche, aber tief verfeindete Einödhofbauern, richtige Protznbauern, san aar amal Emmaus ganga. Dös hoaßt, die Herren warn so fein, daß a jeder mit seiner Chaisn gfahrn is und mit seinm Waglroß. — Aber fleißig, beim Wirt z'Greanwies habn sie se halt nachand troffa, habn lang

nixn gredt, aber weil a grüabige Gsellschaft beinander ghockt is und weil ma z'Emmaus gwen is, hat man se nixn anmirka lassn vom Z'kriagtsein und hat se allweil besser unterhaltn. — Nach der dreizehnten Halbe hats an jedn sein Wurm aufagrissen. »Du, Nialinger, woaßt es no! — Du hast mi in der Ousternacht am Kammerfenster von der Mari hoamgscheitlt! Mein Liaber, dös vergiß i dir net! — Dös hab i dir fein lang net vergessn! — I hätt eigentlich dein Mari heiretn solln! —« »A geh zua, Freimelhuaber! Dös is an alter Schmarrn! D'Marie is die mein und du hast eh die Anna gheiret! Bist gwiß aa net schlechter dran! Und nach zwanzg Jahr is dös ganz wurscht! Sauwurscht! —«
Und a so habns dahingschmatzt. Nach der 23igsten Halbe nachand is schon halbe zwoa in der Früah wordn, da hat der Wirt nimmer mögn und hat die zween Bauern auf eahnane Chaisn gsitzt. A jeder von dene zween hat ja grad no gführt werdn könna und hat glei' 's Schnarcha angfangt. Und nachand — weil der Wirt a Lump war — hat er die Rösser vertauscht. An Freimelhuaber sein Schimmi hat er an d'Nialinger-Chaisn ghängt und an Nialinger sein' Fuchs an d'Freimelhuaber-Chaisn. Und die Roß san hoam. Weil a Roß hat ja koan Verstand. Und wahrscheinlich haben sich die Rösser denkt: Heit is eh wurscht, es schmeckt oaner so bsuffa wia der ander. — Dahoam, a so a Roß geht vorn Stall hin und riechet a weng. Na riechet drin a Roß und durch dös werd der Knecht munter. Er steigt

vom Bett außer, schlafgrantig und mit zuapikte Augn und spannt 's Roß aus. Nachand legt er se wieder hin. Hat er an Bauern vergessn! — Der schnarcht, daß der ganze Hof summt. Da kann der Knecht net schlafa. Er steht auf und denkt dran. »Jessas der Bauer! Der hockt no in der Chaisn drin!« — Er hebt 'hn außer und führt 'hn vor sein Kammertür, macht dieselbige auf und rennt an Bauern as Bett. D'Bäurin, Liacht hats ja selbigsmal koans gebn bei der Nacht, die Bäuerin laßt ihrn Mann schlafa. Sie ziahgt eahm grad d'Schuach aus, daß er s' Bett net voll macht und legt sich nebern Bauern wieder hin. — Liacht hats ja koans gebn. Und die zwenn habn hübsch die gleiche Statur ghabt. — Dös ander laßt se denka. D'Freimelhuaberin is a streitsüchtige und hat an Nialinger an Bart ausgrissn. D'Maria Nialinger is a brave und hat se gwundert, daß der Mann heit so liab is! — Aber der Nialinger hat der Freimelhuaberin 's Aug blau gfarbt. Und dös ohne Oarfarb. — Draus is a Prozeß wordn. — Und dös ganze Bezirksamt hat glacht. — I sag ja, dös Nebennausgehen, pardon dös Emmausgehn, hat an Deifi gsehgn! — Es is gscheiter man bleibt dahoam! Herr bleib bei uns, denn es will Abend werden und der Tag hat sich schon geneiget! —

# Georgi

Bauerndirn, Bauerndirn,
Laß di' sched net vaführn!
Häng d'Liab as Kuahviech oi'
Den tuats sauwoihl.

Z'Lichtmeß bin i her
Und schon gfallts ma nicht mehr!
Aufn Girgntag steh i aus,
Mir taugts net dös Haus.

Heilinga Girgn, Du,
Machtiger Reiter, Du,
Wannst meine Stuatn und Hengst,
Heit a weng gsengst!

Heilinga Girgn, g'acht,
Hast den grobn Wurm umbracht!
Steh aa üns Sünder bei!
Vasuacht is ma glei!

## Der Weiße Sonntag

Der Sonntag nach Ostern heißt der Weiße Sonntag, der Tag der Erstkommunion. Bruderherz, das ist ein Tag, der einem durch und durch geht! Die Mutter ist aufgeregt, der Bub ist blaß und stad und tut so brav und feierlich, daß man meinen möchte, ein Primiziant ist im Haus. Bei den Dirndln ist's noch viel schlimmer: da ist es ein Herrichten und Probieren, ein Aus- und Anziehen und Frisieren, als gelte es, eine Hochzeiterin auszuheiraten!
Und auch die charakterfestesten Väter kriegen heut ein weiches, frommes Herz. Sogar ein Mann wie der Golpauli, ein Viehhändler voller Zähigkeit und Härte, bekannt in drei Pfarreien als ein Mann, dem nichts imponiert als die Handlschaft und der Profit, er konnte heute seiner Rührung nicht mehr Meister werden. Er spricht das hernach im Wirtshaus bei den Weißwürsten auch ganz offen aus: »Auf Ehr' und Seligkeit: Na, lang hats ma nix ton heit, lang hob i mi zruckghaltn; obwohl, daß da Einzug alloan oan schon onkinna hätt: woaßt, dös is bereits a Buidl gwen: voraus da Pfarra mit de Meßtriabuam, na de schneeweißn Dirndl – und hinterdrein – wia kloane Hochzeiter – de Buam, oana brava wia da ander und mein Peterl is aa dabei. – Dös hat ma alls no nix ton. – Aa no net wia de Urgl

's Spuiln ongfangt hat und de Kinder vüre zogn san in eahnane Stuihl und de Kirzn aufgsteckt habn, nix, i bin da gstandn wiar a Baam. Und beim Dings, bei dem Taafgelöbnis — wias mit eahnane unschuildign feina Stimman an Pfarra allweil nachplappert habn: wir widersagen — da hats meine Alte bereits gstößn und sie hat trenzt. Na, dös hat ma alls no nix gmacht: aber erst, wia da Peterl, mein Bua, vüre is as Speisgatta, da hats mi packt, da hats mi grißn — und i schaam mi net, mi san d'Zachaleng kemma vo lauter Freid!«

# Himmelfahrt

Der Auffahrtstag wenn ins Land geht, dann werden die Wiesen allmählich bunt, und man kann vom Kleeacker schon wieder die Futterei heimfahren. Die Schlüsselblumen vergehen und tausend andere Blümerl verzaubern die einfachsten Bauernwiesen zu Teppichen von orientalischer Pracht.
Unser Herr ist selber hinaufgefahren in den Himmel, aus eigener Kraft. Darum heißt dieses Fest auch »ascensio«, Hinauffahrt. Im Gegensatz zur »assumptio Mariae«, welche die Englein ins Werk setzten, indem sie die Mutter Gottes hinauftrugen.
Daß einer nicht an die assumptio Mariae glaubt, trifft man öfters an. Daß aber einer die Himmelfahrt Christi bezweifelt, ist eine Kuriosität. Der Rabeiner-Sepp, ein abgelegener Bergbauer, ist ein solches Kuriosum. »D' Muatter Gottes is freili aufi in Himme', grad a so wia's aufgmaln is in meiner Kapelln, aber ünser Herr is net aufi, weil er in der Welt bliebn is, dös woaß i gwiß.«
Der verrückte Irrlehrer, den kein Pfarrer und kein Pater belehren konnte, blieb unbehelligt. Er war sonst ein ordentlicher Bergbauer und fiel nirgends auf. Er ging in seine Kirche, wie es der Brauch war, ließ seine Kinder taufen und in die Schule gehen. Nur mit dem Religionslehrer kam er jährlich mindestens einmal in

Konflikt, denn er widersprach der Unterrichtung seiner Kinder wie ein hartnäckiger Ketzer. »Melde dich in der Religionsstund, Anni, und sag es dem Herrn Pfarrer, daß unser Herr zwar auferstanden ist, aber nicht in den Himmel hinaufgefahren ist. Erstens, weil er sonst gar nicht hätte auferstehen brauchen, wenn er hernach net da bleibt. Zweitens, weil Jesus es überhaupt nicht mit dem Fahren und Fliegen gehabt hat. Und drittens, weil Er noch in der Welt ist und man Ihm auf einmal begegnen kann, ohne daß man es weiß. Auch dem Herrn Pfarrer kann Er begegnen. Der würde Ihn freilich bestimmt nicht erkennen.«
Solcher Widerspruch brachte immer wieder Unruhe in den Pfarrhof, und mit den Jahren fiel es allen auf: »Am Himmelfahrtstag geht der Rabeiner-Sepp nicht in die Kirche.«
Er saß während des Pfarrgottesdienstes, an dem er seine Familie nur ungern teilnehmen ließ, oben auf seiner Rabeiner-Bergwiese, gleich unter dem Rabeiner-Kopf und äugte durch sein Fernglas ins Tal hinunter. Besonders hielt er die Pfarrkirche im Visier. Und jedesmal verkündete er hinterdrein: »I hab schon recht, Er is wieder net aufi gfahrn, Er is allerweil no auf der Welt.«
Die geistlichen Herren gaben ihm schließlich recht und ließen ihn bei seiner harmlosen Ketzerei. Theologiestudenten stritten mit dem Sepp oft die halben Ferien lang. Aber keiner konnte ihm seinen Auffahrtsunglau-

ben nehmen. Und sollte er seine abtrünnige Theologie begründen, gebrauchte er keine ungeschickten Argumente. »Er is deszwegn auf dera Welt dabliebn, damit sich die Herren Beamten und Minister net alls derlaubn derfan. Und nachand wega die Kriag, moanst? — Ja, grad aa wega die Kriag. Wenn Er net da waar auf dera Welt, nachand waar ja allerweil Kriag.«

Kurz vor dem letzten Weltkrieg ist der Rabeiner verstorben. Und das ausgerechnet am Christi Himmelfahrtstag gegen Abend. Wie ihn der Herr Pfarrer an dem Tag, nachmittags, mit der Letzten Ölung versehen hatte, gestand ihm der Sepp: »Herr Pfarrer, i muaß Eahna was sagn. Eahna sag i's, aa wenn Sie mir jetzt die Eisen runtergerissen habn. Heit is Er aufgfahrn. I hab's selber gsehgn mit meinm Perspektive. Mitten unterm Pfarrgottsdeanst is er aufi. Durch die schwarz Wolkn durchi und in Himmi nein.«

»Es ist halt auch ein Sonderling ein profitlicher Mensch«, meinte der Pfarrer dazu und hielt ihm eine schöne Grabpredigt, eine von der Himmelfahrt.

## Der Geist weht wo er will, auch bei den Bayern

Drei heilige Zeiten hat das Jahr: Weihnachten, Ostern und Pfingstn. Und diese drei heiligen Zeiten sind in ihrem Range gleich. Grad den oan Unterschied gibts: das hochheilige Pfingstfest is nix zum Greifa, es ist ebbas Geistigs: heit gibts nix und heit kimmt nix: koa Christkindl und koa Ousterhas, heit kimmt grad der heilige Geist.
Aber net traurig sein, Leit! Der Heilige Geist is woltern aa was! Und net weni! Ganz bsonders is er nämlich der beste Tröster, dens gibt in der Christenheit. Und an Trost braucht an jeder, an consolator optime! —
Aa für sölla Leit, die koa geistigs Gschäft habn, die koane Professa und Dokta san, aa für die hat er was, der Heilige Geist. Weshalb vor seiner Unfaßbarkeit, Weisheit, Stärke und Allgewalt sogar die gerissensten Geschäftsleute einigen Respekt haben. Gott sei Dank! Denn mit einem gängigen Pfingstartikel ist noch keiner auf den Markt gekommen, kein Kaufhauskonzern und kein Verkaufspsychologe. Mit was denn auch? — Mit einem Pfingstöchserl vielleicht? Mit einer Schokoladentaube? Oder mit schokoladenen Heilig-Geist-Tauben-Eiern? Oder mit lebkuchenen Nürnberger Geisttrichtern usw.? Daß Gott erbarm! Na, na, na! Das hat sich noch keiner ausgedacht, das hat sich noch keiner ge-

traut, denn die Sünden wider den Heiligen Geist gelten als die größten Sünden. Und darum hat das Pfingstfest seine alte Lieblichkeit auch besser bewahren können als Weihnachten oder Ostern. —
»Pfingsten, das liebliche Fest war gekommen, es grünten und blühten Feld und Wald!«
Jawoi, und grad schön is! Aa wenns diam an Duscherer tuat. 's Jahr geht endlich in den Sommer. Die Kurn kemman in d'Blüah und dös erste Heu liegt bald auf der Wiesn: Pfingstn is'. — Und der Geist des Herrn erfüllt den Erdkreis! —
Iatz is aa die Zeit, wo die Exzellenzn Bischöfn auf d'Firmungsroas gehn. Dös is an Aufregung! Bsunders für die Herren Honoratioren, für den Herrn Pfarrer und den Herrn Burgermoaster, der wo vielleicht a Begrüßungsansprach halten muaß, wenn die Exzellenz einghoit werd, feierlich! — Da san schon diam schöne Stückl passiert. Z'Reamading woaß is, wia da der Bischof kemma is, hat der Burgermoaster schon acht Tag lang nimmer schloffa kinna. Allweil wieder hat er sein Begrüßungsred aufgsagt, im Roßstall und beim Eingrasn, beim Brotzeitmacha und im Wirtshaus, in der Schlafkammer und im Wald. Und allweil länger und allerweil festlicher is worden, sein Red. »Exzellenz, Hochwürdigster Herr Bischof! Geschmücket sind inserne Häuser. Und auch der Neuwirt« — heutauf, des sag i liaber net, »hat sei Fahn heraußn«. Er hat gstudiert und gstudiert. Die Red is allweil großartiger wordn

und der Burgermoaster aber allerweil kaasiger und grantiger. Endlich kimmt der Tag.
Der Burgermoaster is krank. Er konn net. Na, i net. Die Triumphbögen prangen, die Kutschn und Ehrenkutschn sind mit Girlanden umwunden, die Rösser haben eingeflochtene Schwänz, die Hüaf san gschmiermt, alls steht da, alls wart; und die Feierwehr steht stramm. D'Blechmusi spuit an schneidign Marsch. Und iatz müaßts passiern. Der Herr Bürgermeister der Marktgemeinde, begleitet vom Gemeinderat, hebt an und hebt an und schluckt und schluckt, wird noch weißer wie ein weiblicher Firmling in seinem Gwandl. Und wie die Not am größten, entringen sich endlich seinen Lippen die heute noch geflügelten Worte: »Grüß di God Bischofn! I waar schon gfirmt.«
In jeder Bauernstadt, in jedem Marktflecken kehren sie ein, die Hochwürdigsten Herren, und teilen das Sakrament des Geistes aus und seine sieben Gaben. Wer woaß denn no, wias hoaßn all siebne? — Kaam no oa Firmling heitzutag! Kaam oana ... kaam a Pf ... Ah was, i sags liaber net! Sieben Gaben sans! Aber bis auf dö siebene konn net jeder Professor mehr zähln. Siebtens die Gottesfurcht, hoaßt a Roman vom Josef Martin Bauer. Und sechstens nachand? — Bei ünsern Herrn Pfarrer hat mas früherer aa rückwärts aufsagn könna müassn, die sieben kostbaren Gaben des Heiligen Geistes. Also, siebtens die Gottesfurcht, sechstens die Frömmigkeit, fünftens die Wissenschaft, viertens die Stärke,

drittens die Gabe des Rates, zweitens die Gabe des Verstandes und erstens die Gabe der Weisheit. — Dös is a Kopfarbet! — Und diese sieben Gaben kriagt man allsamt gratis bei der Firmung. — Diam Leit freilich, möcht man moana, obwoi daß sie gfirmt wordn san — womöglich gar vom Hochwürdigsten Herrn Kardinal glei' selber und obwoi daß sie an geldign Firmpatn dazua ghabt habn, diam Leit habn net amal die Gabe des guten Ratannehmens derwischt. Und fromm sans aa nimmer. Sölla Leit habn koan Furm.

Für die Gödn und Godn ist der Firmungstag natürlich ein schönes Erlebnis, das man seiner Lebtag nicht vergißt: der Bischof mit Mitra und Stab, die Uhr und dann das viele Essen und Trinken beim Postbräu, beim Konditor, beim Lebzelter, beim Metschenken, das viele Eis, und dann der Ausflug nach dem Chiemsee und das Schifferlfahrn!

Und das Stadterl selm erst, die Heimatstadt. Der obere und der untere Markt hat beflaggt, überall hängen die weißblauen Rautenfahnen heraus; man könnte glauben, eine königliche Hoheit tangierte eben das Nest. Derweilen, wenn du als Zugereister einen fragst, heißts: heit firmt man z'Anzing. — Was, so so, ja, ja, heit firmt man z'Anzing. Und aus den sechzehn Wirtshäusern dröhnt das Anzapfen bis in den tief angebrochenen Abend hinein, denn die Firmpaten haben auch eine Freud an den sieben Gaben des Heiligen Geistes. Und wenn man dieselben ein bißerl einfeuchtet, hat mein

Firmgöd gsagt, dann wachsens vielleicht besser an im Hirn der braven Firmlinge.

Pfingstbräuch gibts heit koa mehr. Hier und da kennt no oaner dös Wort: Pfingstochs. Aber was bedeut', woaß er schon nimmer. Pfingstochs nennt man a Mannsbuild, dös recht neimodisch anzogn is und gescheckerte Sachan anhat, route Bandl, gelbe Tüacha, weiße Schuach! Wenn oaner a so auffallend gekleidet is, hat man frührers zu eahm gsagt: der kommt daher wiar a Pfingstochs. Es gibt aa geistige Pfingstochsen. Jedenfalls, dös woaß i no, a Pfingstochs war allerweil ebbas Damischs. Und man wollt koaner werdn. Wer am Pfingstsonntag und am Pfingstmontag als letzter as Bett verlassen hat, der wurde auch Pfingstochse geschimpft. Da warn mir als Bua der Aprilochs und der Maiaff viel lieber gewesen wia der Pfingstochs.

Aber ganz eigentlich kommt der Pfingstochs von den Ochsenrennen, die frühers gern am Pfingstmontag abgehalten worden sind. Lustig is' so ein Ochsenrennen! In Aising bei Rosenheim, in Oberhummel bei Freising gibt es berühmte Ochsenrennen. Aber am Pfingstmontag auch nicht mehr überall. — Von Haus war es nicht einmal ein Ochsenrennen gewesen, vielmehr galt die Observanz, daß man am Pfingstmontag mit dem Viehweiden angefangen hat. An dem Tag durften die Rindviecher zum erstenmal wieder auf die Weide. Das war natürlich a Mordsfreid für d' Viecher, auch für d' Ochsen. Die kamen auf die letzt dran zum Austreiben.

Vielleicht aus Spaß? Und darum nannte man sie Pfingstochsen. Bald hat man sie prächtig geschmückt, auffallend, bunt, und hat eine besondere Gaudi mit den weidenden Ochsen veranstaltet. So sind Ochsenrennen entstanden, und der letzte ist meistens am meisten gschmückt wordn. Der hat das Dreizehntel kriagt.
Ja no, d'Fuatterei war knapp und no a weng müahsam, da hat man alls austriebn 's erstemal, sogar die Ochsn. A Pfingstochs ist demnach ganz ebbas anders wiar a Brettlochs. A Brettlochs, a prellter, wird nimmer gscheiter; a Pfingstochs wenigstens konn se vollfressn. An Ochs is an jeder von die zween und ebbas Geistigs is an Ochs net. 's Gegenteil aber. Und wenns koa Gegenteil gaab, taat man oft d'Hauptsach übersegn. Es gibt auch Pfingstlümmel.
Das Gegenteil von den Pfingstochsen sind die Gescheiten, die Hochgelehrten, die Herren Professoren und Doktoren! Professor Dr. Sowieso wenn oaner amal hoaßt, nachand is dös oaner, der wo z'vui derwischt hat von die Pfingstgaben des Heiligen Geistes. Net von alle, bloß von der Gabe der Wissenschaften und vielleicht noch von der Gabe des Verstandes a bißerl was!
Professor Dr. Maier. Dös hat halt an Klang. Aber d'Hofbäuerin von Köllnbach hat amal den Ausspruch getan: Was habts denn allerweil mit enkane Professa und Dokta? Es hoaßt ja aa net: Herr Professor Dr. Jesus Christus! — Der Ausspruch hat was zum bedeutn. Und gfalln tuat er mir ganz guat, wenns aa grad a

Bäuerin gsagt hat. Net auszdenka, wenns hoaßert: Seine Eminenz, Professor Dr. Jesus, hat in seiner Bergpredigt ein Achtpunkteprogramm empfohlen! — Gott sei Dank, so hoaßts net. — Und dös is für die normalen Heilig-Geist-Verbraucher und Firmling a groußer Trost. Die Pfingstochsen solln lebn! Die Brettlochsen danebn!
Also der Geist, dös is an Art Wind, und der waht wo er wui — aa bei de Bayern. Und net wenig hat er frühers bei uns gwaht, der guate Geist, der Heilige Geist! — Leut, glaubts net dene falschn Geschichtsinterpreten, die die alten guten Zeiten nur schlecht machen, weils koa Blinddarmoperation damals noch gegeben, weil das Penicillin noch nicht entdeckt war im 18. Jahrhundert, weil es noch keine Autoschlangen gegeben, keine Eisenbahnen, kein elektrisches Licht und keine Hygiene, und keine Weltkriege und keine Flugzeuge und Raketen, keine Atombomben und bakteriologischen Waffen und all die anderen so kostbaren Erfindungen der Gelehrten und der Institute, für die wir Steuerzahler jährlich Milliarden aufbringen müssen — zur Ehre der Weisheit und der Stärke — aber weitab von der Weisheit und Stärke des Heiligen Geistes. —
Früher hat er bei uns anders gwaht, der guate, liabe Heilige Geist! — Er hat den Wessobrunner Stuck auf die Decken und Bögen hingehaucht, er hat den Baumeistern die Barockkuppeln eingegeben, die französischen Kathedralen und unsere bayerischen gotischen Hallenkirchen grad a so.

Der Geist der Frömmigkeit und der Gottesfurcht haben den ganz großen und begnadeten Malern die Pinsel geführt zu den gewaltigen Deckenfresken und zu den herzigen Rocaillen, zu den Altarblättern und Heiligenbildern. Der Feuergeist der göttlichen Liebe hat die Schnitzmesser der Günther und Deutschmann, der Straub und noch hundert anderer direkt und mit lustiger Sicherheit geführt, daß die übermütigsten Englein wie Baumnymphlein aus dem guten Holz herausgeflogen sind. Dös war a Geist! Und der hat gwaht im Bayernland. Davon lebn heit no zehntausend Kunsthändler und Antiquitätenschwindler.

Schwärmende Kunsthistoriker schreiben jeds Jahr für Millionen Büachln da drüber, und die Fremdenverkehrsindustrie hat mehr von einer großartig prächtigen Barockkirche als von den Förderungsmaßnahmen dreier Parlamentariergenerationen zusammen! Ach was! Der Geist hat früher stärker gwaht in den bayerischen Landen. Damals, als in Würzburg und Bamberg noch die Schönborn regiert habn und ein Friedrich von Seinsheim! Als in Salzburg noch der gottselige und einfältige musikbesessene Fürsterzbischof Sigismund von Schrattenbach, ein Mann von unsagbarer Leutseligkeit und Bonhommie, mit seiner stets fröhlichen Originalität den milden Krummstab schwang. Dös warn noch Kirchenfürsten! Ah! — Ohne Schrattenbach hätts keinen Mozart gebn! I könnts beweisen.

Was dagegen ist da a fade Gemeinschaftsmess? Ah was,

i mag mi ja gar nimmer auslassn. Helfa taats eh nix mehr. Und verstehn taat mi aa neamd mehr. Emitte Spiritum tuum et creabuntur!

Herr, sende aus deinen Geist und alles wird neu geschaffen werden! — Dös Lateinische, aa wenn man net alls verstehn, hörn tean mas doch gern! — Der Geist hat frühers aa bei die Studentn no anders gwaht! Da is no zünftiger zuaganga auf dene Universitäten. Z'Ingolstadt ebba no, wo die Hochwürdigen Patres Jesuiten regiert habn!

Und wenn sich die Universität Ingolstadt aa erst um 1738 offiziell zum kopernikanischen Sonnensystem bekannt hat, Latein und Griechisch, die Jurisprudenz, die Medizin und Chirurgie mit der Klistiererei und dene vielen Purgationen und Aderläß, sowie eine enorme Wissenschaft von den Heilkräutern hat man dengascht studieren könna in Inglstadt auf der hohen Schul! —

Gwiß, hier und da is aa schon was passiert, weil die Studentn warn halt allerweil schon Batzin und Lumpen. Amal z. B. hat in Ingolstadt a Student die Frau eines Professors entführt und is mit ihra ins Ausland — nach Eichstätt — durchbrennt.

Aber z'Landshut nachand is wieder herzinnig und romantisch wordn, des Studiern. Und die Bettina von Arnim und der Professor Savigny habn damals mitm Professor Sailer, dem späteren Bischof, die Aufklärung bekämpft. Herrgott, wars damals schön, Student z'sein! Dös war a Burschenherrlichkeit! — Ja, ja, aa der Geist

der Wissenschaften hat in Bayern regiert und is heimisch wordn! — Heimisch schon seit oanahalbtaused Jahr! Wia ünser Universität noch z'Landshuat gwen is — damals is as Studentnlebn no' recht intim gwen. Intim zu die Professa und zu der Hausmuatter. Es war in Erlangen und in Würzburg net viel anderst. Freili, a bißerl toleranter und aufgeklärter sind sie in Würzburg schon gewesen. Die Schönborn habn auch evangelische Professa zualassn — und Fürstbischof Adam Friedrich von Seinsheim hat sogar an einer lutherischen Universität zwei Semester lang studiert, so tolerant is man damals gwen! — Und in Erlangen woaß mas eh! — Und z'Landshuat also hat der Kronprinz Ludwig studiert — mitten unter dene Bauern- und Bürgersöhne drin. Der Ringseis, wos später sein Leibarzt wordn is, a Oberpfälzer Wirtssohn, hat Medizin glernt. Und der Graf Pocci, der spätere Kasperltheatergraf, und Oberstzeremonienmeister, hat Staatswissenschaften glernt. Der Pocci hat bei einer Landshuater Buchhändlerin a Zimmer ghabt, wo a junge Tochter dagwen is — und aber aa noch a vui schöners Stubenmadl. Und da hat er damals dös Liadl dicht und komponiert, dös hoaßt: Wenn ich ein Vöglein wär! —
Typisch für die friedliche und intime Kleinstadtatmosphäre einer Pflanzstätte, der alma mater.
Die Ausstrahlungen des Heiligen Geistes umfassen den ganzen Erdkreis. Die Natur ist mitinbegriffen, ja die ganze Schöpfung! Tu septimformis munere, du sieben-

fältiger Schatz, singt ein uralter Dichter im berühmten Pfingsthymnus.

Mit dene siebn Gaben muaß also schon seine Richtigkeit habn. Aber — o mei! — die heitigen Theologen legn koan Wert mehr auf die Siebenzahl; die is eana z'magisch. I hab mir drei verschiedne Katechismus kaaft — neue — in koam is ebbas drin gestandn von den sieben Gaben des Heiligen Geistes. Nur drei Seiten lang werd die Unfehlbarkeit des Papstes behandelt. Als wanns dös brauchet! Dös is eh a Dogma und glaubn ma's a so aa! — Was bleibt da scho hänga vom Pfingstwunder? — Jahrelang hab i aa scho koa gscheite Pfingstpredigt mehr ghört: da werd allerweil politisiert an dem Tag. Derweil hätt' der Heilige Geist, der ja ganz speziell der Tröstergeist hoaßt, qui paraclitus diceris, allerhand Trostreiches uns zu geben! Wieder habn dös die altn boarischn Barockprediger könnt! Ohne daß laut plärrt hättn, habns dös könnt: trösten! — Und was is a Religion, die net tröstn konn, wert? — Nimmer vui! —

Vor fast dreihundert Jahr hat im Kloster Gars am Inn der Augustinereremit Pater Augustinus Ertl aus München in seiner Festpredigt sich die Frage gestellt: warum denn der großmächtige Heilige Geist, die dritte Person Gottes, ausgerechnet in Zungengestalt erschienen ist, wo er doch meistens als eine Taube symbolisiert wird. Und er gibt diese Antwort:

»Es erschien der Heilige Geist in Zungengestalt, dann er wollte denen Aposteln weisen, daß er ankomme, unsere menschliche Seelenwunden zu heilen. Was ist heilsamer als ein Hundszungen? Wann ein Hund einem beschädigten Menschen seine Wunden lecket, werden selbe bald ausheilen und haben sogar die Hund dem armen Lazaro mit ihrer Zungen seine Geschwär und offene Schäden gelecket und geheilet: vanes veniebant et lingebant ulcera ejus.

Tut das die viehische Hundszungen, wie viel mehrers hat Gott der Heilige Geist mit seiner anheut erscheinenden Zungengestalt sowohl denen Aposteln als uns allen sündigen Menschenkindern die innere Seelenwunden geheilet? Sana, quod est saucium, singet die Katholische Kirch in ihrer heutigen Sequenz, heile und mache gesund, was krank und schadhaft ist. Oder es erschien der Heilige Geist in Zungengestalt, dann er wollte allen Unform und Ungestalt von denen noch unvollkommenen Aposteln und andern Sünden hinweg nehmen und uns sametlich zu wohlgestalteten Kindern Gottes machen. Wann die Bärin ihre Jungen wirft, so ist ihre Geburt nur ein grobes wildes Stuck Fleisch, so weder einem Bären noch andern Tier gleich siehet. Worauf kommet der alte Bär, putzet und lecket so lang an diesem unformlichen Stuck Fleisch, bis endlich der Kopf, die Pratzen und Füß herfür kommen und ein junges Bärlein daraus wird.

Was waren die noch unvollkommene und ungeschicket Apostel, was waren wir alle sündige Menschen vor der Ankunft des Heiligen Geistes als eine unformliche

Mißgeburt, mit allen Sündenmängeln umgeben? Kaum aber ist anheut die göttliche Zungen des Heiligen Geistes über uns kommen, kaum hat uns die Gnad des Heiligen Geistes berühret, da haben sowohl die Apostel, als wir sündigen Menschen, die rechte und schöne Tugendgestalt, Form und Weis der frommen auserwählten Kindern Gottes überkommen. Der Heilige Geist hat mit seiner reformierenden Gnadenzungen alle Häßlichkeit, Grobheit und Unwissenheit von unsern Verstand, Herz und Seelen hinweg genommen und aufgehebt. Und das seie von dem Puncto gesagt, warumen Gott der Heilige Geist in Zungengestalt ob den Jüngern erschienen seie.«

Eine barocke Theologie, die heute bloß noch belächelt wird.

Man nimmt ja kaum mehr — und das dreht den heutigen Katholiken das Genick gänzlich um — man nimmt kaum mehr die Predigt der Künstler, der dienenden Künstler, in denen der Heilige Geist deutlich spürbar mitgearbeitet hat — man nimmt kaum mehr diese gottbegnadeten Künstler ernst. Die prächtigen Messen, die wir haben! Die Mozart-, Haydn-, Schubert-, Bruckner-Messen usw. Die oft erstaunlich guten Pfarreiorchestermusikanten hat man von den Emporen gejagt, und verhöhnt und verspottet hat man die zur Ehre Gottes musizierenden Chorregenten! Die letzten 10, 15 Jahre über. — Und warum? — Wegen der deutschen Liturgie etwa? Nur wegen der modernen Liturgie? — Die Ursache sitzt tiefer und hat die satanische Wurzel der Eifersucht. Die Celebranten vorne am Altar waren eifersüchtig auf die herrlichen und von Gott eingegebenen Messen unserer großen Kirchenkomponisten. Denn an so einem Festtag — dreispännig wurde zelebriert und die Krönungsmesse von Mozart oder irgendeine mozartische missa brevis wurde aufgeführt mit Pauken und Trompeten, mit Geigen und Bratschen, mit Celli und Orgel, mit Solistinnen und Solisten und mit einem wohleinstudierten gemischten Chor — hat das so herrlich geklungen, daß sogar die Rokokoputten sich zum Engelreigen emporgeschwungen haben! Und dann die große Stille bei der Wandlung! — Plötzlich, nur die schwere Glocke! Und das kleine Ministrantenglöckchen bei der Elevation! — Herrgott, war das ein Augenblick! Da hat sich auch das Knie eines sich seiner Frömmigkeit eher schämenden Weltmannes gebeugt! — Wenn also so eine solenne Messe gefeiert wurde, dann hatten hernach die Leut alle — auch die Pfarrhaushälterinnen anfangs — alle haben sie geschwärmt: »Ah! Dös war schön heit! Ah! So ebbas hat man z'Rining schon lang nimmer ghört! Ah! — Die Geigen, die Trompeten, hast'n g'hört, an Schmied? Und von der Mare, dieses Sopransolo! Ah!« usw. Und von der Predigt hat kaum jemand gesprochen und erst recht nicht von den Zelebranten vorn am Altar. Des war ja selbstverständlich. Die warn ja mit einbegriffen. Die waren ja die Repräsentanten dieser Herrlichkeit! Aber des hams net

gspannt. Die Kleriker — schon am Ende des vergangenen Jahrhunderts ist es zu spüren — die Kleriker hat da der Neid und die Eifersucht gepackt! — Und sie haben von »liturgischen Erneuerungen« gesprochen. Jawohl! Jeder alte Kirchenmusikus gibt mir recht. — Die Eifersucht hat die neue Liturgie hervorgebracht! Und was ist die Eifersucht? Etwas Urböses! Und vom Heiligen Geist stammt sie nicht. Manch einer hält eben den eigenen Vogel für die Taube des Heiligen Geistes.
Denn der Heilige Geist, der Tröster und Hervorbringer der Herrlichkeiten, redet in der Zunge der Liebe. — Herrgott, laßt sie doch singen und jubilieren! Da oben auf dem Chor — ad majorem Dei gloriam! Sie singen ja Gott zur Ehre und anläßlich der Zelebration eines hochfeierlichen Lobamtes! — Vielleicht waren nur die eifersüchtig unter den Pfarrern, die nicht singen konnten, die unmusikalischen? Is wia's mag! Mir könna den Heiligen Geist grad bitten, daß er ünserne Oberhirten wieder zruckbekehrt zur alten, schönen, lateinischen und festlichen Orchestermeß!
Is sowas net a Musik? — Ja is sowas net dös allerschönste von ünserner Religion? Was is da dagegn a Volksgsangl?
Der heilige Clemens Maria Hofbauer ist zum Betteln gegangen, damit er auch an einem gewöhnlichen Werktag ein Dutzend Geiger hat bezahlen können, honorieren für sein Amt. Und gute Geiger mußten es sein! — Keine Kratzer und Patzer!

Dös is a Heiliger für uns! —
Consolator optime dulcis hospes animae, dulce refrigerium! Tröster du in jedem Leid, Erfrischung voller Lieblichkeit, lieber Gast meiner Seele! —
Und hat ebba der Mozart net gnedda a so komponiert, tröstend? Die Kirchenmusik ist das schönste überhaupt! — Hier spürt man das Wehen des Heiligen Geistes am deutlichsten. Millionen von Schallplatten spielen allwöchentlich in Millionen Wohnungen die köstlichen Messen, seitdem man sie in der Kirche nicht mehr zu hören kriegt.
Das ist eine Spiritualität. Ach, ich hab so Sehnsucht nach dem achtzehnten Jahrhundert!
Da is amal an alter Austragsvater im Sterben glegn und hat nomal mitm Höchwürdigen Herrn Pfarrer gredt, an guatn altn Bauernpfarrer, wia sie's heit nimmer leicht gibt: Herr Pfarrer sagt er, der Vata, vorm Herrgott hab i net gar z'vui Angst. A weng freili, aber dös dertrag i no. Vorm Sohn, vorm Herrn Jesus aa net. Mit dem steh i mi net schlecht. Aber vorm Heiligen Geist! — Da woaß i gar net wia i mi da verhaltn sollt. I bin koa Professor und bin koa Doktor! Und nix Geistigs konn i durchaus nix! — »Ah geh«, sagt drauf da der Pfarrer, »wer werd sich den vorm Heiligen Geist fürchten! Du hast doch früherszeiten allerweil so gern Zitherspuin könna, schaug, dös Zitherspuin, dös hat dir der Heilige Geist glernt. Ja, ja, weil der Heilige Geist, der mag besonders gern d'Musi! Aa d'Volksmusi!«

O lux beatissima, reple cordis intima! O Licht voll der seligsten Lust, dring in deiner Gläubigen Brust — bis tief ins Herz hinein! — San dös net Versl? — Aa die Dichter derfan heit Festtag feiern. Vielleicht sogar die Komödieschreiber? Denn frührerszeitn hat der fromme und gescheite und tüchtige Pater Ferdinand Hueber von den Münchner Jesuiten, vordem in Ingolstadt und Dillingen, seine »flores poetici dramatici«, seine lustigen Einakterstückl zum Heiligen Geist geschrieben! — Sowas hat es nur in München gegeben! Prächtige und saftige Theaterstückln san dir dös! In jedem Einakter gehts um ein Attribut des Heiligen Geistes. In so einem Stückl gehts zum Beispiel um Krieg oder Frieden. Die Feldherren treten alle auf, der Caesar und der Alexander, der Epaminondas und der Hannibal — und ein jeder macht martialische Sprüch — auch der Gott Mars natürlich —, und auch die Friedensgöttin erscheint mit ihren Adlaten, mit der Jurisprudenz, einem verhutzelten Professorl, mit Künstlern und Wissenschaftlern und Gschaftelhubern auch, die alle nur sie zum Blühen bringen kann — aber auf die letzt krachts und donnerts wieder, und der Mars Christianus erscheint und begeistert alle mit seiner Friedenssehnsucht! Veni creator spiritus! Et renovabis faciem terrae! Die Orgel fällt ein, das Stück endet in einer Heiligen-Geist-Andacht.
Wer hätte sich das sonst denn schon getraut? Einakter, lustige Komödiestückl zu verfassen und das zu Ehren und zum Verständnis des Heiligen Geistes! In ganz

Europa wurden seine flores poetici dramatici gespielt, sie waren Bestsellerstückl. Das muß beinahe schon eine Valentinnatur gewesen sein, dieser Pater Ferdinand.
Ja, überhaupts, auch in dene Stückl vom Karl Valentin weht der Heilige Geist! Weniger der Geist der Wissenschaften und des Verstandes, aber bestimmt der Geist der Weisheit und des Rates, und der Geist der Furcht des Herrn! — I moan schon! Man denke z. B. nur an Valentins Verkehrsreglement: Montags die Fußgänger, dienstags die Radfahrer, mittwochs die Personenautos, usw. Ja, ja, der Geist weht wo er will — auch in Bayern! Und was waars nachand mit ünserne Bräumoaster?
Die brauchen aa an Heiligen Geist, damit daß' net — wia die Preissischen — oa Biersortn braua, an oanzige Biersortn! Die nachand dene Hamburger und Berliner grad a so schmecka sollt wia dene Münchner und Straubinger. Na, na! Mir habn individuelle Geschmäcker. Diese Vielfalt, diese Buntheit des Geschmackes! Auch das ist eine Gabe des Heiligen Geistes: die Fülle, die Überschwenglichkeit in der Auswahl!
Die Monotonie und Fusion ist Satansgeist! Der Heilige Geist ist für die Souveränität der Provinzen Europas. Es gibt kein Land der Welt, das so viele Brauereien hat wie Bayern. 1400 immer noch, wo viertausend schon zugesperrt haben! In anderen weit größeren Ländern gibts vielleicht fünfzig Brauereien, meistens aber bloß zehne oder gar bloß fünfe! Bayern hat noch 1400!
Der Geist Gottes schwebte über den Wassern! Die Viel-

falt ist schön und unterhaltsam. Da schmeckt oan s'Lebn! Infirma nostri corporis! Stärk unsres Leibs Gebrechlichkeit! Der Geist ist unverwüstlich! Und er weht wo er will — auch bei uns!
Und was hat dann der gewöhnliche Mensch, der Habenichts und armselige Racker von seinem Leben g'habt? Doch eines ist jedem gegeben und muß er auch bekennen:
»Mir ward menschlicher Besitztümer keines. Nicht Ahnen, nicht Gold, nicht Äcker.«
Es ist ihm die Sprache gegeben, nur die Sprache:
»Die Worte sind mir Grund und Boden, der mir Brot, vielleicht gar Ehre ertragen soll. Nur für des Vaterlandes Worte kann ich wirken. Der Heilige Geist steh' mir bei.«
Das hat der junge Andreas Schmeller seinem Tagebuch anvertraut. Und er hat in seinem großen Bayerischen Wörterbuch dann viele schöne alte bayerische Sprüch' uns überliefert. Aa den: »A guate Seel' braucht an guaten Geist.« Consolator optime — allerbester Trost du, und an Trost braucht doch a jeder, denn:

> Ehwenn ma se' umschaut
> Ehwenn ma se' b'sinnt,
> Vertrenzt ma sein Leb'n
> Als vertragerts der Wind.

## Der apostolische Segen

Nach der Firmung, wenn das sechsspannige Pontifikalamt zu Ende ist, mit all seiner Herrlichkeit, wo man hätte meinen mögen, man schmecke schon den Himmel, begibt sich der Hochwürdigste Herr Bischof, Seine Exzellenz, an die Evangelienseite auf seinen Thron. Die Pfarrer und Diakone und Sekretäre nehmen ihm die schweren Meßgewänder ab und ziehen ihm schließlich seine bischöflich-rote Galasoutane an, die aber eine Schleppe hat. Jetzt ist er wieder der feuerrote Bischof wie beim Eingang, daß es einem gleich einen Stich gibt, wenn man ihn ansieht.
Die Orgel präludiert, und die Firmlinge mit ihren Göden und Goden werden langsam ein klein wenig unruhig. Jetzt kann nichts mehr kommen, jetzt kann er nur noch feierlich ausziehen. Man hat alles gehabt, den Chrisam, den gefürchteten Backenstreich, die sieben Gaben des Heiligen Geistes und die Predigt des Stadtpfarrers, die wunderschöne Orchestermeß', die heilige Kommunion und den Schlußsegen. »Na, na, iatz konn nix mehr kemma, was wichtig waar.«
Und dennoch kommt noch etwas sehr Wichtiges: der apostolische Segen. Keine noch so raffinierte Theater-Regie hätte jetzt, am Ende der Feierlichkeiten, nach so vielen Höhepunkten, noch einmal eine weitere Stei-

gerung anbringen können. Es war doch schon alles ausgeklungen. O nein, die barocken Festivitäten, die ganz erhabenen und solennen Feierlichkeiten der römischen Kirche, wußten immer noch eine kadenzierende Schlußkoda. Und in der Tat, diese Zeremonien des apostolischen Segens, konnten einen noch einmal tief ergreifen. Dazu bedurfte es einer neuerlichen kleinen Vorbereitung. Ein beleibter Prälat aus dem Gefolge Seiner Exzellenz, oder auch bloß der Dekan, bestieg die Kanzel. Die Orgel brach jäh ab, und der Prälat entrollte eine pergamentene Urkunde und las mit archivalisch-feierlicher Stimme vor: »Seine Heiligkeit, Papst Pius XII., hat unserem Oberhirten, dem Hochwürdigsten Herrn Kardinal und Erzbischof Michael von Faulhaber das Privilegium erteilt, seinen Diözesanen an besonderen Festtagen den apostolischen Segen zu spenden. Unser Hochwürdigster Herr Erzbischof und Kardinal wird nun hier und heute von diesem päpstlichen Privilegium Gebrauch machen und uns allen den apostolischen Segen geben.« Der Prälat rollte die Urkunde zusammen und kniete nieder. Vorne aber, unter dem Baldachin auf seinem Thron, erhob sich die gleißende Figur des hohen Priesters und stimmte die berühmten Responsorien an, und das mit der säkularen Erhabenheit beinahe eines Cherub: »Sit nomen Domini benedictum.«

Der Chor fiel ein und die Gläubigen lagen alle auf den Knien. »Ex hoc nunc et usque in saeculum!«

So ein päpstlicher Segen war sehr geschätzt. Damit

konnte einem so schnell nichts passieren. Und noch am Abend beim Schafkopfen konnte man es hören: »Ah was, da überleg i net lang, heut hab i an apostolischen Segn derwischt, ich spiel ein Solo! Herz is Trumpf!«
Und verspielte der Mann mit drei Buben das Spiel, dann jammerte er: »Ja was waar denn jetzt' dös? Huilft denn iatz an Papst sein Segn aa nix mehr?«
Und der Wirt beruhigte den Gast. »Der Segn helfat schon, aber du hast nix derwischt davon, weil der breitbucklige Müllerspeter vor deiner gstandn is, der hat 'n dir abghaltn.«